Schlank & Schnell

**Die schnelle Küche
nach der Montignac-Methode
von Ria Tummers**

ARTULEN VERLAG GMBH
Luisenstraße 4
77654 Offenburg DEUTSCHLAND
Telefon: 0781 9481883
Fax: 0781 9481782
E-Mail: post@artulen-verlag.com
Internet: www.montignac.com

Achte deutsche
überarbeitete Auflage 2003

Titel der niederländischen Originalausgabe:
Slank & Snel, De fast cuisine
van Michel Montignac
© 1997 Uitgeverij Artulen BV.
Balkenswaard

© 1997 Artulen Verlag GmbH, Offenburg
Alle Rechte vorbehalten

® Montignac und ℳ sind eingetragene
Warenzeichen

Lektorat: Regine Schmidt
Angela Strzeletz

Titelfoto und Abbildungen im Innenteil:
Studio Hans Abel

Layout: Sybille Zerling
Rotation Verlags-Service, Berlin

Druck & Bindung: Westermann Druck
Gedruckt auf umweltfreundlichem Papier

ISBN 3-930989-06-9

Über die MONTIGNAC-METHODE
sind folgende Bücher erschienen:

- **Die Montignac-Methode**
  (Michel Montignac)
- **Die Montignac-Methode für Einsteiger**
  (Hans Finck und Michel Montignac)
- **Essen gehen und dabei abnehmen**
  (Michel Montignac)
- **Ich esse, um abzunehmen**
  (Michel Montignac)
- **Jung bleiben durch eine
  gesunde Ernährung**
  (Michel Montignac)
- **Kochen, essen und dabei abnehmen Band 1**
  (Michel Montignac)
- **Kochen, essen und dabei abnehmen Band 2**
  (Michel Montignac)
- **Meine Rezepte aus der Provence**
  (Michel Montignac)
- **Montignac Rezepte und Menüs**
  (Michel Montignac)
- **Satt & Schlank**
  (Gabriele Lehner)

Vom selben Autor sind folgende
zusätzliche Werke erschienen:

- **Gesund mit Schokolade**
  (Michel Montignac)
- **Jeden Tag Wein**
  (Michel Montignac)

Internationale Ausgaben:

Frankreich:
- Comment maigrir en faisant des repas d'affaires
- Je mange donc je maigris!
- La méthode Montignac: Spécial Femme
- Mettez un turbo dans votre assiette!
- Recettes et Menus Montignac
- Je cuisine Montignac (Band I und II)
- Restez jeune en mangeant mieux
- Boire du vin pour rester en bonne santé
- La méthode Montignac de A à Z

Weitere internationale Ausgaben sind
in folgenden Ländern erschienen:

- Finnland
- Großbritannien
- Italien
- Island
- Israel
- Kanada
- Kroatien
- Lettland
- Niederlande
- Polen
- Portugal
- Rumänien
- Russland
- Schweden
- Spanien
- Türkei
- USA

Schlank & Schnell

Ria Tummers

Die schnelle Küche
nach der Montignac-Methode

Aus dem Niederländischen übersetzt von
Diethild Frisch

ARTULEN VERLAG

Inhaltsverzeichnis

(V): Diese Gerichte sind für die
vegetarische Ernährung geeignet.
(Wenn Sie die Fleisch-, bzw. Hühnerbrühe
durch Gemüsebrühe ersetzen, sind auch alle
Suppen für die vegetarische Ernährung geeignet.)

DIE REZEPTE

VORWORT VON MICHEL MONTIGNAC

Seit der Veröffentlichung meines ersten Buches 1986 in Frankreich hat meine Methode in zahlreichen Ländern Anklang gefunden.

Das Ernährungsprinzip dieser Methode ist so unkompliziert, dass es nicht nur im Mittelmeerraum, sondern auch in Nordeuropa, in angelsächsischen Ländern, in Japan und anderen asiatischen Ländern eingesetzt werden kann.

Das Besondere dieser Rezeptauswahl ist, dass es sich um das erste Buch handelt, das nicht aus dem Französischen übersetzt wurde, und dass die Rezepte anhand meiner Methode speziell für den nordeuropäischen Raum entwickelt wurden. Das heißt, dass Sie die benötigten Zutaten in Ihrem Supermarkt kaufen können und die Zubereitung der Rezepte schnell und einfach ist. Bei der Zusammenstellung der Gerichte galt der Hauptaspekt der schnellen Gewichtsreduktion bei gesunder Ernährung und letztlich der Beibehaltung des erreichten Gewichtes. Schnell schlank nach meiner Methode: Schnell – aber nicht, ohne dabei auch zu genießen – ist hier das Motto.

Es freut mich, dass ich Ihnen – denjenigen, die meine Methode bereits praktizieren, aber auch denjenigen, die sie erst mal ausprobieren wollen – dieses Buch vorstellen und empfehlen kann.

EINLEITUNG

So wie mein Mann liebe auch ich leckeres Essen. Und da bei mir das kulinarische Hobby auch zum Beruf geworden ist, wird bei uns viel und lange „getafelt".

Bevor wir über Freunde die Montignac-Methode kennen lernten, war ich regelmäßig „auf Diät" und hatte die Hoffnung auf Erfolg eigentlich schon aufgegeben. Montignac sollte der letzte Versuch sein. Da auch ein Glas Wein erlaubt ist, hat mein Mann sich entschlossen mitzumachen. Zu unserer Überraschung hatte nach Ablauf der Phase I jeder von uns 12 Kilo abgenommen, die sich danach nicht wieder eingestellt haben. Seitdem essen und trinken wir auch mit Freunden und Gästen nach der Montignac-Methode. Wir haben bemerkt, dass mit diesem Ernährungsprinzip nicht nur köstliche Gerichte und Variationen möglich sind, sondern auch, dass sich unsere Kondition und Gesundheit merklich verbessert haben. Jedenfalls war Montignac für uns die Entdeckung unseres Lebens, an der wir auch andere daran teilhaben lassen wollen.

Auf diese Weise kamen diese Rezepte und dieses Kochbuch zustande. Privat und bei der Arbeit merke ich immer wieder, dass ein großer Bedarf an neuen und guten Rezepten besteht. Das gilt insbesondere für die Montignac-Methode. Das Prinzip der Methode ist zwar einfach umzusetzen, aber gleichzeitig auch ganz anders, als wir es gewohnt sind. Deshalb sind Montignac-Rezepte als Anhaltspunkt für die Gewöhnungsphase ein ausgezeichnetes Hilfsmittel – vor allem für den Anfang, wo die meisten erst einmal schnell abnehmen wollen. Gerade in Phase I ist es wichtig, sich strikt an die Regeln zu halten, d. h. *sehr gute* Kohlenhydrate (GI bis 35) zu essen und gute Kohlenhydrate in Kombination mit Fetten zu vermeiden.

Darum ist es ganz besonders wichtig, dass die Art und Weise der Zubereitung unserer Mahlzeiten auch mit unseren Lebensgewohnheiten übereinstimmt. Schnelligkeit ist dabei für mich persönlich und auch für andere berufstätige Frauen und Männer ein wichtiger Faktor. Wir haben nun einmal nicht endlos Zeit, um abends noch aufwändige Menüs zuzubereiten. Außerdem sitzen wir lieber mit Gästen oder Freunden zusammen, als dass wir länger als nötig in der Küche zugange sind.

Diese Erwägungen waren auch der Ausgangspunkt bei der Auswahl der Rezepte für dieses Kochbuch. Ich habe sie allesamt selbst entwickelt und ausprobiert, d. h. die Mengen und die Zubereitung sind exakt. Die Hauptsache war natürlich, dass sie dem Prinzip der Montignac-Methode ent-

sprechen, so dass Ihnen hinsichtlich der Richtlinien keine Fehler unterlaufen können und Sie mit den Rezepten und Menüs auf gesunde Weise rank und schlank werden.

Ich möchte darauf hinweisen, dass wir bei diesem Buch davon ausgegangen sind, dass die Leser das Montignac-Prinzip bereits aus den anderen Büchern über die Montignac-Methode* kennen. Nur dann ist es möglich, Hintergründe und damit die Zusammenstellung dieser Rezepte zu verstehen und darauf aufbauend zu variieren.

Dies ist noch wichtiger in Phase II, in der Sie sich gewisse Verstöße erlauben können, diese jedoch gut handhaben müssen. In diesem Buch geben wir nur eine kurze Zusammenfassung des Prinzips (siehe S. 29).

Es würde zu weit führen, alle *guten* und *schlechten* Kohlenhydrate bzw. Fette ausführlich zu behandeln; auch hier möchte ich auf die genannten Bücher verweisen. Aber auf einige Nahrungsmittel, die im nordeuropäischen Ernährungsplan häufig vorkommen, wie z. B. Brot, Kartoffeln und Reis, werde ich näher eingehen. (Für u.a. Gänseleber und Schokolade verweise ich auf das Buch „Montignac Rezepte und Menüs".)

Wichtig für die schnelle Zubereitung einer guten und schmackhaften Mahlzeit ist, dass Sie die benötigten Zutaten im Hause haben und nicht erst extra einkaufen gehen müssen.

Deshalb habe ich ein Kapitel dem Vorrat gewidmet, den Sie teilweise selbst „fabrizieren", aber auch kaufen können. Dazu gehören auch die Produkte, die unter dem Namen „Montignac" im Handel erhältlich sind**.

Unsere Esskultur wird immer mehr von der amerikanischen „Fast-Food-Kultur" beeinflusst, welche auf totale Zeitersparnis in der Küche abgestimmt ist. Dadurch wird der eigentliche Grund, warum und wie wir essen, völlig in den Hintergrund gedrängt! Außer Gesundheit und Nährwert sollte auch der kulinarische Genuss und der soziale Aspekt nicht ausser Acht gelassen werden. Die Montignac-Methode berücksichtigt all diese Aspekte. Ich hoffe, mit meinen Rezepten und diesem Buch aufzeigen zu können, dass „Haute Cuisine" und eine schnelle Zubereitung nach Montignac ausgezeichnet kombiniert werden können.

---

* „Die Montignac-Methode für Einsteiger", „Ich esse, um abzunehmen".
** Siehe Anhang Werbeseiten

EINFÜHRUNG IN DIE REZEPTAUSWAHL

Bei der Auswahl der Rezepte stand im Vordergrund, dass sie in die Montignac-Methode, insbesondere in Phase I – die Phase der Gewichtsabnahme – passen sollten. Durch das Prinzip, (gute) kohlenhydratreiche Gerichte (GI 35 bis 50) nicht in Kombination mit Fetten zu essen, sind einige Gerichte bzw. Zubereitungsweisen von vornherein ausgeschlossen, wie zum Beispiel mit Mehl gebundene Soßen und Suppen, Backwaren aus weißem Mehl, Eintöpfe (mit Kartoffeln) oder Pasteten und dergleichen. Das beeinträchtigt aber nicht – wie Sie sicher selbst bald merken werden – die Freude am Essen und Kochen. („sehr gute" Kohlenhydratgerichte GI bis 35 können jedoch mit guten Fetten kombiniert werden)

Jeder Amateurkoch hat seine eigene Art, seine Einkaufsliste zu erstellen. Der eine zieht immer wieder gern ein Kochbuch zu Rate, um herauszufinden, was und in welcher Reihenfolge gegessen werden soll. Der andere ist eher intuitiv eingestellt und inspiziert erst mal seine Vorräte oder geht einfach in den Supermarkt und denkt: „Da hab' ich heute Lust drauf", kauft ein paar Zutaten und sucht sich ein Rezept dazu heraus.

Der eine hat und nimmt sich die Zeit zum Kochen – der andere sieht das Kochen als eine täglich wiederkehrende Pflicht an, um die man nicht herumkommt.

All diese Leser habe ich in meinem Buch berücksichtigt.

Die Rezepte werden mit gängigen Zutaten zubereitet, die im Allgemeinen überall erhältlich sind. Die Zubereitung ist einfach und schnell und passt außerdem noch in das Zeitalter von Mikrowelle und Wok.

Die „Phasen" der Montignac-Methode kurz erläutert

In der Montignac-Methode geht es um zwei Phasen, die in den bereits erschienenen Montignac-Büchern ausführlich beschrieben werden.

In Phase I, in der die Gewichtsreduktion angestrebt wird, sollten Sie sich strikt an das Prinzip halten, bis Sie das gewünschte Zielgewicht erreicht haben. Wichtig dabei ist, dass der Körper sich auf die neue Lebens- und Ernährungsweise einstellt. Die Zeit, die hierfür erforderlich ist, ist individuell verschieden. Aber im Allgemeinen kann man von ungefähr zwei Monaten ausgehen.

Phase II ist die Stabilisierungsphase, in der die Zügel schon mal etwas gelockert werden können, aber Sie sich weiterhin an das Prinzip halten sollten,

um bei dem erreichten Zielgewicht zu bleiben. Während es in Phase I notwendig war, *gute* Kohlenhydrate von Fetten getrennt zu essen, ist es in Phase II nicht mehr unbedingt nötig.

Praktisch alle Rezepte sind für Phase I und Phase II geeignet. Falls das nicht der Fall ist, wird es ausdrücklich erwähnt.

Eine Ausnahme bilden die Desserts. Für Phase I gilt, dass Käse am besten geeignet ist. Im äußersten Ausnahmefall darf man am Ende der Phase I eine kleine Portion Quark oder Joghurt mit roten Beeren oder eine kleine Portion Schokoladenmousse essen.

Bei einigen (bekannten) Gerichten habe ich bestimmte Zutaten weggelassen, weil Sie diese in der Abnahmephase lieber nicht essen sollten. Am Ende des Rezeptes finden Sie jeweils einen Vermerk, wie in Phase II die Zubereitung noch verfeinert oder angereichert werden kann.

Zum Thema Wein

Bekanntlich steht in der Montignac-Methode der Genuss im Vordergrund. Ein gutes Glas Wein gehört dazu und wird sogar empfohlen. Allerdings sollte man in Phase I das Trinken von Wein auf 1 Glas pro Tag beschränken.

In Phase II kann es sogar positive Auswirkungen auf Ihre Gesundheit haben, wenn Sie 2 bis 4 Gläser Wein (á 100 ml) pro Tag trinken.

Von stärkeren Getränken, wie z.B. Sherry oder Portwein und Schnäpsen, wird wegen ihres hohen Zuckergehaltes entschieden abgeraten. Das gilt (leider) auch für Bier, da der glykämische Index für Bier 110 beträgt und somit ganz oben auf der Liste steht.

Die Einteilung der Rezepte

Zur besseren Übersicht sind die Gerichte in die 10 folgenden Kategorien eingeteilt:

Aufs Brot

In diesem Kapitel finden Sie verschiedene süße und herzhafte Brotaufstriche, mit denen Sie schnell und einfach eine Kohlenhydratmahlzeit anreichern können. Manche sind auch geeignet für unterwegs, z.B. Pausenbrot.

Saucen & Dressings

Dieses Kapitel enthält Rezepte, mit denen Sie Ihre Gerichte vervollständigen oder noch extra verfeinern können. Die meisten Saucen und Dressings kön-

nen im Voraus zubereitet und – je nachdem – kürzere oder längere Zeit aufbewahrt werden. Am Ende dieses Kapitels wird auch noch ein allgemeiner Basisvorrat besprochen.

Salate

Salate können eine eigenständige Mahlzeit sein bzw. als Beilage zu Fisch, Fleisch, Geflügel oder Käse gereicht werden.

Kalte Vorspeisen / Snacks

Bei den kalten Vorspeisen und Snacks werden kalte Gemüsegerichte beschrieben, die mit Fisch, Aufschnitt oder Eiern kombiniert werden können. Diese Gerichte sind auch als Lunch oder Vorspeise geeignet.

Warme Vorspeisen / Snacks

In diesem Kapitel finden Sie einige kleinere Gerichte auf der Basis von Eiern, Fleisch, Fisch, Käse oder Gemüse. Auch diese Gerichte können Sie zum Lunch oder als Vor- oder Zwischengericht bei der warmen Mahlzeit reichen.

Suppen

Die meisten ungebundenen Suppen passen ausgezeichnet zur Montignac-Methode. Ich habe in diesem Kapitel auch einige Beispiele für gebundene Suppen nach der Montignac-Methode gegeben.

Hauptgerichte

In diesem umfassenden Kapitel sind die Gerichte in folgende Kategorien eingeteilt:

- Hauptgerichte mit Fisch
- Hauptgerichte mit Fleisch
  (Lamm-, Rind-, Schweinefleisch und Wild)
- Hauptgerichte mit Geflügel (Hähnchen- und Putenfleisch)
- Eier- und Käsegerichte

Bei einigen Rezepten wird angegeben, welches der Gerichte aus diesem Buch Sie als Beilage reichen können.

Gemüsebeilagen

In diesem Kapitel finden Sie Rezepte, die zu bestimmten Hauptgerichten als Beilage passen.

Sie können diese auch einzeln als Hauptgericht (vegetarisch) essen. In diesem Fall müssen Sie allerdings die Mengen entsprechend anpassen bzw. erweitern.

Kohlenhydratgerichte

In diesem Kapitel werden warme *(gute)* Kohlenhydratgerichte ohne Fett beschrieben, die für Mittag- oder Abendessen geeignet sind.

Desserts

Die hier aufgeführten Desserts sind nicht für die Phase I geeignet.

In Phase I können Sie als Nachspeise ein Stückchen Käse mit etwas Rohkost wie z. B. Stangensellerie, Gurke, Chicorée oder Salat essen.

Die Rezepte in diesem Kapitel sind in süße und herzhafte Nachspeisen eingeteilt.

Nur im Einzelfall und in sehr kleinen Mengen können Sie am Ende der Phase I eine Süßspeise aus dieser Kategorie essen.

Die Auswahl der Gerichte

Bei der Zusammenstellung der Rezepte war ich der Meinung, dass sie vor allem lecker und gesund sein müssen. Was das erste Kriterium betrifft, habe ich mich durch meinen eigenen Geschmack und dem der Genießer in meinem Umfeld leiten lassen.

Zu diesen Gerichten gehören einige bekannte nationale und internationale Gerichte, die unverändert in die Methode passen.

Bei der Montignac-Methode ist lecker auch gleichzeitig gesund: Gemüse, Vollkornprodukte, gesunde Fette und ab und zu ein Glas Wein machen das Leben nicht nur angenehm, sondern sind auch gesund für den ganzen Körper, also für unser allgemeines Wohlbefinden.

Abwechslung

Lecker und gesund essen bedeutet auf jeden Fall, dass man seinen Speiseplan abwechslungsreich und vielseitig gestaltet, mit reichlich Variationen bei den Mahlzeiten.

Bei Gemüse zum Beispiel heißt das Abwechslung in Bezug auf die Farbe, Gemüsesorte (Blattgemüse, Knollen-, Stangen- oder Fruchtgewächse) und die Möglichkeiten, diese roh oder gekocht zu essen.

Einkauf

Ganz wichtig ist, dass man die benötigten Zutaten auch kaufen kann.

Nicht immer ist man in der Lage oder bereit, für den Einkauf eines bestimmten Produktes alle möglichen Geschäfte aufzusuchen. Bei der Auswahl der Rezepte habe ich diesen Punkt weitgehend berücksichtigt und darauf geachtet, dass die meisten Zutaten im Supermarkt erhältlich sind.

Im Allgemeinen sollte man Produkten der Saison den Vorzug geben, das gilt vor allem für Obst und Gemüse. Tomaten, Gurken, Bohnen, Erdbeeren, Johannisbeeren usw. schmecken im Frühjahr und Sommer nun mal besser als mitten im Winter.

Im Herbst und Winter sind Kohl, Sauerkraut, Fenchel und Hülsenfrüchte lecker.

Der folgenden Tabelle können Sie entnehmen, welche Obst- und Gemüsesorten in welcher Jahreszeit frisch angeboten werden.

Aber bekanntlich gibt es eine Menge Gemüsesorten, die man das ganze Jahr über – allerdings dann aus dem Gewächshaus – kaufen kann.

Getrocknete Hülsenfrüchte und Sauerkraut sind durchweg erhältlich und demnach bei Bedarf eine willkommene Abwechslung.

Saisonkalender für Obst und Gemüse

Saison	Gemüse	Obst
Winter: Dezember Januar Februar	Wirsing, Rot- und Grünkohl, Rosenkohl, Porree, Sellerieknolle, Schwarzwurzeln, Chicorée, Fenchel, Feldsalat, Pilze und Champignons	Äpfel, Birnen, Zitrusfrüchte
Frühjahr: März April Mai	Weiß-, Rot- und Spitzkohl, Kopf- und Feldsalat, krausblättriger Salat, Porree, Paksoy, Stielmus, Chicorée, Staudensellerie, Sellerieknolle, Spinat, Kohlrabi	Äpfel, Birnen, Himbeeren, Erdbeeren, Stachelbeeren, Rhabarber, Zitrusfrüchte
Sommer: Juni Juli August	Zuckerschoten, frische Hülsenfrüchte, verschiedene Bohnensorten, Blumenkohl, Brokkoli, Chinakohl, Wirsing, Spitzkohl, Kohlrabi, Schalotten, Zwiebeln, Stielmus, Portulak, alle Salatsorten, Gurken, Tomaten, Paprikaschoten, Staudensellerie, Fenchel	schwarze und rote Johannisbeeren, Heidelbeeren, Stachelbeeren, Brombeeren, Erdbeeren, Aprikosen, Himbeeren, Pflaumen, Äpfel
Herbst: September Oktober November	Pilze und Champignons, verschiedene Bohnensorten, Zuckerschoten, verschiedene Salatsorten, verschiedene Kohlsorten, Gurken, Tomaten, Paprikaschoten, Staudensellerie, Fenchel, Chicorée, Sellerieknolle	Äpfel, Birnen, Zitrusfrüchte, Brombeeren

Informationsquelle: CBT, Centraal Bureau van de Tuinbouwveilingen in Nederland (Zentralbüro für Auktionen von Gartenbauprodukten in den Niederlanden)

Zubereitungszeiten

Ein anderer wichtiger Faktor war für mich, dass die Zubereitung der Gerichte schnell und nicht allzu kompliziert sein sollte. Das Zubereiten der täglichen Mahlzeit sollte im Allgemeinen nicht länger als eine halbe bis eine Stunde dauern.

Es gibt einige Rezepte, bei denen man etwas mehr Zeit einkalkulieren muss, z.B. fürs Marinieren, Durchziehen oder Abkühlen. Diese Angaben finden Sie bei den jeweiligen Rezepten.

Die hierzu benötigte Zeit bedeutet also nicht mehr Arbeitsaufwand.

Erläuterung des Rezeptaufbaus

Bei den Rezepten werden zuerst die Zutaten genannt.

Damit es nachher beim Kochen keinen Stress gibt, empfehle ich Ihnen, alles immer möglichst gut vorzubereiten. Deshalb gebe ich bei der Auflistung der Zutaten immer an, wie (in Scheiben oder Würfel geschnitten, blanchiert etc.) diese Zutaten im Weiteren verarbeitet werden müssen. Dann können Sie alles schon so vorbereiten und bereitstellen, dass die Zubereitung selbst einfach, schnell und sauber verläuft.

Unter dem Punkt Arbeitsweise wird die Zubereitung der Rezepte in den einzelnen Schritten beschrieben.

Zubereitung

Die Zubereitung der Rezepte ist im Allgemeinen sehr einfach und verlangt keine besonderen Fähigkeiten oder spezielle Küchengeräte. Komplizierte und zeitraubende Techniken passen meines Erachtens nicht mehr in unser schnelles Zeitalter. Die verbleibende Zeit sollte man lieber dafür verwenden, in aller Ruhe zu essen, und das Kochen auf keinen Fall zu einer Pflichtübung werden lassen. Aber weil das Kochen dank moderner Hilfsmittel sowie küchenfertiger Produkte so einfach geworden ist, haben es sich immer mehr Leute, auch mit wenig Freizeit, zum (sozialen) Hobby gemacht, lecker zu kochen und anschließend im gemütlichen Kreis zu speisen.

GERÄTE & TECHNIKEN

In diesem Kapitel werden die Küchengeräte und das Material beschrieben, das Sie für die Zubereitung der Rezepte benötigen. In den Rezepten sind besondere Hilfsmittel fett gedruckt.

Anschließend komme ich auf häufig eingesetzte Zubereitungstechniken zu sprechen, die vielleicht nicht allen Lesern bekannt sind.

Küchengeräte

Messer

Für den Spaß am Kochen und effizientes Arbeiten sollte man gutes Material im Hause haben. Einige scharfe **Qualitätsmesser** in verschiedenen Größen sind dabei unerlässlich, inklusive einem ordentlichen **Messerschärfer** oder **Wetzstahl**.

Apparate & Hilfsmittel

Mit einer **Küchenmaschine** können Sie sich die Vorarbeiten und das Kochen bedeutend erleichtern. Raspeln, Schneiden, Hacken, Mengen und Pürieren der Zutaten wird damit zum Kinderspiel. Ein Glas selbstgemachter Pesto, ein gleichmäßig geraspelter Kohlsalat oder ein luftiges Selleriepüree sind hiermit im Handumdrehen fertig.

Auch ein **Stabmixer** ist ein praktisches Hilfsmittel, um schnell eine Soße oder Suppe zu pürieren, ein Glas Mayonnaise zu rühren oder Petersilie zu hacken.

Die **Mikrowelle** ist ein schnelles und sauberes Hilfsmittel zum Blanchieren und Garen insbesondere von Gemüse ohne Hinzufügen von Flüssigkeit. Geschmack, Farbe und Vitamine bleiben optimal erhalten.

Eine **Salatschleuder** leistet beim Trocknen von Salat und frischen Kräutern gute Dienste.

Töpfe & Pfannen

Zum Kochen, Backen oder Braten brauchen Sie Töpfe, Pfannen und feuerfeste Formen in verschiedenen Größen:

- Eine **Stielkasserolle** zur Soßenbereitung, am besten mit hohem Rand (10–15 cm), um darin auch mit dem Stabmixer arbeiten zu können.
- Einen großen **Kochtopf** (Durchmesser 20–30 cm) zum Blanchieren von Gemüse.

- Einen **Braten-** bzw. **Schmortopf** mit hohem Rand zum Dünsten und Braten.
- Eine **Bratpfanne** (mit Antihaftbeschichtung) zum Backen von Eiern und dergleichen.
- Eventuell einen **Bräter**, um größere Mengen Fleisch und/oder Gemüse anzubraten und im Ofen zu garen.
- Einen **Wok** zur schnellen (und gesunden) Zubereitung von sehr leckeren Eintopfgerichten, die darin sautiert werden.
- **Feuerfeste Formen** und **Schälchen** zur Zubereitung von Ofengerichten.
- **Mikrowellengeschirr** in verschiedenen Größen.

Techniken & praktische Tipps

Wie ich schon eingangs sagte, sind alle Rezepte einfach in der Zubereitung. Aber für diejenigen, die noch nicht mit allen Basistechniken vertraut sind, habe ich diese im Folgenden nochmals zusammengefasst.

Tomaten häuten

- Die Haut der Tomate an der gewölbten Seite (gegenüber dem Stiel) mit einem scharfen Messer über Kreuz einritzen.
- Die Tomate (auf einem Löffel) einige Sekunden in kochendes Wasser tauchen. Die Haut rollt sich beim Einschneiden auf und kann einfach von der Tomate abgezogen werden.

Tomaten entkernen

- Die geschälte Tomate halbieren.
- Mit einem Löffel die Kerne und den Saft entfernen.

Für Tomaten „concassé" werden die Hälften erst in Streifen und danach in Würfel geschnitten.

Gurkenkerne entfernen

- Die Gurke längs halbieren.
- Mit einem Löffel die Kerne herausschaben.

Danach die Gurke weiterverarbeiten (Feuchtigkeit entziehen, in Stücke oder Scheiben schneiden usw.).

Feuchtigkeit und bitteren Geschmack entziehen bei Gurken, Auberginen oder Zucchini

- Gurken, Auberginen oder Zucchini in die gewünschte Form schneiden (Scheiben, Längsstreifen, Stücke) und mit Salz bestreuen. Grobes Meersalz ist dafür am besten geeignet, weil die Salzkörner später einfacher abfallen.

- Die Scheiben oder Stücke auf ein Küchenpapier legen und eine halbe Stunde ruhen lassen.
- Das Salz abschütteln oder abspülen und die Gemüsescheiben danach mit Küchenpapier abtrocknen.

Paprika enthäuten

Es gibt verschiedene Möglichkeiten, Paprikaschoten zu enthäuten. Die einfachste Art ist mit einem Kartoffelschäler. Aber auf diese Weise geht von der Paprika zu viel verloren.

Im Ofen kostet es zwar etwas mehr Zeit, aber man erzielt dadurch einen besseren Geschmack der Paprika. Für einen (lauwarmen) Salat bevorzuge ich diese Arbeitsweise:

- Den Ofen auf 180 °C vorheizen.
- Die Paprikaschoten waschen und auf den Ofenrost legen, nach ca. 20 Minuten fängt die Haut an, Blasen zu werfen.
- Die Paprikaschote aus dem Ofen nehmen und ein wenig abkühlen lassen.
- Danach die Haut abziehen und weiterverarbeiten wie im Rezept angegeben.

Peperoni schneiden

- Den Stiel der Peperoni abschneiden.
- Die Peperoni zwischen beiden Händen mit der Öffnung nach unten hin und herrollen; die Kerne lösen sich und fallen von selbst heraus.
- Danach die leere Peperoni in dünne Streifen oder Stückchen schneiden.

Vorsicht! Die Peperoni gibt einen scharfen, brennenden Saft ab. Spülen Sie deshalb sofort die Hände gründlich mit Wasser ab und kommen Sie nicht mit den Händen an die Augen.

Gemüse blanchieren

Beim Blanchieren von Gemüse gibt es verschiedene Möglichkeiten. Ich beschreibe hier das Blanchieren in kochendem Wasser oder Bouillon und in der Mikrowelle. Für die meisten Gemüsesorten (Zuckerschoten, Kohl, Paprikaschoten, Brokkoli, Blumenkohl, Fenchel oder Porree) sind beide Techniken geeignet. In diesem Fall ziehe ich die Mikrowelle vor. Es geht schnell, sauber, und die frische Farbe des Gemüses bleibt wunderbar erhalten. Bohnen und Schnittbohnen sind zum Blanchieren in der Mikrowelle weniger geeignet, sie bleiben hart und schmecken noch wie roh.

Gemüse in kochendem Wasser oder Bouillon blanchieren

- Das Gemüse wie gewohnt waschen und vorbereiten.
- In einem Topf reichlich Wasser mit Salz oder Bouillon zum Kochen bringen.
- Das Gemüse hineingeben und ca. 2 Minuten in der kochenden Flüssigkeit ziehen lassen.
- Dann über einem Sieb abgießen und mit kaltem Wasser abschrecken, um den Kochprozess zu stoppen und die frische Farbe möglichst schön zu erhalten.
- Danach das Gemüse nach den Anweisungen im Rezept weiterverarbeiten.

Gemüse in der Mikrowelle blanchieren

- Das Gemüse wie gewohnt waschen und vorbereiten.
- In einen Mikrowellentopf geben, mit Folie oder einem Deckel abdecken und in die Mikrowelle stellen.
- Die Mikrowelle auf die höchste Stufe einstellen. Die Garzeit variiert je nach Menge und Gemüsesorte. (Blattgemüse enthalten oft viel Flüssigkeit und sind dadurch schneller gar.)
- Das Gemüse aus der Mikrowelle nehmen und nach den Anweisungen im Rezept weiterverarbeiten.

Marinieren von Gemüse in Zitronensaft oder Essig

„Harte" Gemüse, wie rohen Kohl, Fenchel und Stangensellerie, kann man zarter machen, indem man sie einige Stunden in einer Marinade ziehen lässt. Die Säure der Marinade (Zitronensaft oder Essig) bricht die Zellwand gewissermaßen auf. Das Gemüse wird dadurch mehr oder weniger zart. Der Vorteil des Marinierens ist, dass das Gemüse besser verdaulich und der Geschmack intensiver wird, da die Geschmacksstoffe der Marinade richtig in das Gemüse einziehen können. Auch rohen Fisch und Hähnchenfleisch kann man auf diese Weise in kurzer Zeit zarter machen. Aber vergewissern Sie sich, dass Sie erstklassige und absolut frische Qualität verarbeiten.

Champignons und andere Pilze säubern

Pilze und Champignons sollte man nicht mit Wasser abspülen. Wenn sich noch Sandreste an den Pilzen befinden, können Sie diese mit Küchenpapier oder einer Champignonbürste entfernen. Danach werden die Pilze in Scheiben oder Stücke geschnitten und weiterverarbeitet.

Knoblauch

Knoblauch ist bekanntlich sehr gesund und wird nicht nur in der Montignac-Methode als wertvoller Geschmacksträger angesehen. Allerdings gibt es Leute, die den Knoblauchgeschmack und -geruch nicht besonders schätzen.

Oft kann man dieses Problem schon vermeiden, indem man möglichst frischen Knoblauch verwendet anstatt alte eingetrocknete oder gekeimte Knoblauchzehen.

Entfernen Sie immer zuerst den grünen Stiel der Knolle.

Und passen Sie bei der Zubereitung auf, dass er nicht anbrennt.

Knoblauch verarbeiten

Meistens wird Knoblauch vor Gebrauch erst gepellt und danach in Scheiben oder Stückchen geschnitten und mit Peperoni oder Zwiebeln kurz angebraten, bevor er mit den anderen Zutaten verarbeitet wird.

Hierbei muss unbedingt darauf geachtet werden, dass der Knoblauch nicht anbrennt, was nämlich dem Gericht einen nachhaltig bitteren Geschmack verleihen würde. Das kann man verhindern, indem man die Knoblauchzehe nicht in Scheiben schneidet, sondern erst mit einem breiten Messer „zerdrückt" und danach fein hackt. Dadurch ist der Knoblauch zu fein zum Anbrennen.

Mit Knoblauch aromatisieren

Wenn man einem Gericht nur einen „Hauch von Knoblauch" geben will, kann man eine halbierte Knoblauchzehe im Fett miterhitzen und sie, bevor mit der eigentlichen Zubereitung des Gerichtes begonnen wird, wieder herausnehmen.

Frischer Ingwer

Der Geschmack von frischem Ingwer kann einem Gericht „das gewisse Etwas" geben. Schälen Sie ein Stückchen Ingwerwurzel (ca. 1 cm), hacken Sie es fein und fügen Sie es dem Gericht bei.

Es ist auch möglich, den Ingwer mit einer Reibe fein zu raspeln.

Wie auch Knoblauch verleiht Ingwer einem Gericht ein herrlich exotisches Aroma, wenn man ihn kurz im Öl mit anbrät und ihn dann herausnimmt, bevor man mit der Zubereitung beginnt.

Frische grüne Kräuter waschen und trocknen

Oft werden frische grüne Kräuter (Petersilie, Sellerie, Koriander usw.) vor Gebrauch erst gewaschen; danach ist es oft schwierig, die nassen Kräuter zu hacken. Bei größeren Mengen kann man die Kräuter in der Salatschleuder trockenschleudern und dann weiterverarbeiten. Wenn es aber nicht unbedingt nötig ist, die Kräuter zu waschen, sollte man es lassen, da Kräuter beim Waschen doch einiges von ihrem Aroma einbüßen können.

Käsespäne aus Parmesan, Pecorino oder anderem Hartkäse

- Nehmen Sie ein handliches Stück Käse, quadratisch oder rechteckig.
- Ziehen Sie mit dem Käsehobel dünne „Späne" ab.

Aufgrund der Härte des Käses rollen sich die abgehobelten Käsespäne von selbst auf, was zudem auch dekorativ ist.

Diese Technik kann man z. B. auch bei hartem Ziegenkäse anwenden. Legen Sie den Käse vorher in den Kühlschrank, dann lässt er sich besser verarbeiten und ergibt schönere Späne.

EINKAUF & VORRAT

Um nach der Montignac-Methode kochen zu können, sollte man sich vorher mit den Basisprinzipien vertraut machen. Eine gute Einkaufs- und Vorratsplanung kann dabei sehr nützlich sein.

Die Praxis hat gezeigt, dass die Änderung bestimmter Ess- oder Lebensgewohnheiten fehlschlagen kann, weil die erforderlichen Produkte nicht zur Verfügung stehen und man dann in Ermangelung eines Besseren auf die „falschen" Nahrungsmittel zurückgreift.

Das gilt insbesondere für die Montignac-Methode, die vor allem in der Abnahmephase ganz andere Ansatzpunkte hat und damit von anderen Methoden völlig abweicht.

Wenn man mit dieser Methode Erfolge erzielen will, heißt das, dass man in erster Linie die Basisprinzipien und die Zusammenstellung von Nahrungsmitteln kennen muss. Hinzu kommt, dass die Nahrungsmittel zur Verfügung stehen müssen und letztendlich auch die Bereitschaft da sein muss, diese nach den Regeln zuzubereiten.

Im Folgenden gebe ich ein paar Tipps zur Einkaufs- und Vorratsplanung, die die Umstellung auf die Montignac-Methode erleichtern und außerdem zur Freude am Kochen beitragen sollen.

Im Vergleich zu früher sieht für die Montignac-Rezepte der Einkaufszettel für Gemüse schon anders aus:
Viel Tomaten, Chicorée, Karotten, Staudensellerie, Zucchini, Gurken und Champignons, weil man diese auch als Zwischenmahlzeit oder als Ersatz für Brot essen kann.

Obst, außer Bananen und Melonen, bleibt auf dem Speiseplan, wird allerdings zu einem anderen Zeitpunkt gegessen, als Sie das gewöhnt sind. Früchte, außer rote Beeren (Johannisbeeren, Erdbeeren und Brombeeren) werden vorzugsweise auf leeren Magen gegessen, morgens oder ca. eine halbe Stunde vor den Mahlzeiten.

Einkäufe beim Bäcker werden wahrscheinlich viel einfacher (und billiger): Vollkornbrot und Vollkornknäckebrot, aber keinen Kuchen oder Kekse. Die einzige Süßigkeit, die in Phase II erlaubt ist – Schokolade mit einem Kakaoanteil von mindestens 70 %.

Michel Montignac bringt selbst auch Schokolade mit einem Kakaoanteil von 70 bis 85% auf den Markt*.

Beim Einkauf verpackter Produkte ist es wichtig, dass Sie das Etikett genau lesen. Seit 1982 muss auf jedem Nahrungsmittel genau vermerkt werden, welche Zutaten bzw. Zusätze enthalten sind.

Im Zutatenvermerk wird zuerst die Zutat mit dem höchsten Anteil genannt. Die exakten Mengenangaben müssen nicht für alle Zutaten vermerkt sein, aber im Allgemeinen stehen prozentuale Angaben der Anteile für Fett, Eiweiß und Kohlenhydrate auf der Verpackung. Bei der letzten Kategorie handelt es sich meistens um raffinierte Mehle und Zucker, die in der Montignac-Methode nicht erlaubt sind.

Die ausführliche Nahrungsmitteltabelle der Deutschen Gesellschaft für Ernährung (DGE), die im Buchhandel erhältlich ist, enthält diese Informationen auch für unverpackte Lebensmittel. Dieser Tabelle können Sie entnehmen, welche Mengen Fett (inklusive der *schlechten* Fette), Eiweiß und Kohlenhydrate in den jeweiligen Nahrungsmitteln pro 100 Gramm enthalten sind. Auch Mengenangaben zu Faserstoffen und einigen wichtigen Vitaminen und Mineralien sind aus dieser Tabelle ersichtlich. So können Sie schnell überblicken, welche Kohlenhydrate und *schlechten* Fette z. B. in Fleisch, Fisch und anderen Nahrungsmitteln enthalten sind.

Leider gibt es noch keine Tabelle mit dem glykämischen Index im Buchhandel zu kaufen, jedoch in den Büchern zur Montignac-Methode (Artulen Verlag) finden Sie eine Kurzfassung. Diese Werte sind in der Montignac-Methode für die Auswahl der Nahrungsmittel sehr wesentlich. In anderen Büchern über die Montignac-Methode wird dieses Thema ausführlich behandelt, u.a. die Einteilung in *sehr gute,* und *gute* Kohlenhydrate. In meinen Rezepten werden natürlich nur *sehr gute und gute* Kohlenhydrate verwendet, bei denen der glykämische Wert unter 35 bzw. 50 liegt.

Der Basisvorrat

Bei der Beschreibung des Basisvorrates stellen wir uns am besten die verschiedenen Örtlichkeiten im Haus vor, wo Vorräte gelagert werden könnten. Sie erhalten eine ausführliche Übersicht von Nahrungsmitteln, die Sie als Anregung betrachten können. Hieraus können Sie nach Belieben aussuchen, wobei Sie Ihre bevorzugten Produkte – sofern sie in die Montignac-Methode passen – selbstverständlich wie bisher beibehalten können.

* Informationen erhalten Sie bei Naturgie, siehe Anhang.

Hier der Basisvorrat einiger Nahrungsmittel, die das „spontane" Kochen erleichtern:

Fensterbank, Garten oder Balkon

Töpfe oder Blumenkästen mit frischen Kräutern wie: Schnittlauch, Petersilie, Oregano, Pfefferminze, Melisse, Sellerie, Koriander, Basilikum, Thymian usw.

Vorratsschrank

- getrocknete Kräuter und Gewürze: schwarzer und weißer Pfeffer, Meersalz, Cayennepfeffer, Muskatnuss, Kümmel, Kardamom, Wacholderbeeren, Lorbeerblatt usw.
- Hülsenfrüchte
- Vollkornnudeln
- Naturreis
- Olivenöl (extra vergine oder extra vierge)
- Balsamicoessig
- Sardellen (Dose oder Glas)
- Thunfisch
- Lachs
- Tomatenpüree
- gepellte Tomaten (Dose oder Karton)
- getrocknete Tomaten in Öl
- Kapern
- Oliven
- (Dijon-) Senf (in Phase I in kleinen Mengen)
- Schweizer Streukäse
- Bouillon im Glas (in Phase I in kleinen Mengen)
- Fond im Glas, verschiedene Sorten (Huhn, Rind, Wild) *
- Pinienkerne (Phase II)
- Mandelsplitter (Phase II)
- Schokolade mit über 70% Kakaoanteil (Phase II)

Keller oder Kühlschrank (auf jeden Fall kühl)

- Eier
- Zitrusfrüchte: Limonen, Zitronen, Apfelsinen
- Obst der Jahreszeit: Erdbeeren, Johannisbeeren, Äpfel, Rhabarber, Nektarinen, Pfirsiche, Pflaumen etc.

---

* Kontrollieren Sie erst das Etikett, ob bei der Zubereitung auch kein Zucker hinzugefügt wurde.

- haltbare Gemüse der Jahreszeit: Zwiebeln, Knoblauch, Porree, Chicorée, Zucchini, Kohl, Gurken, Tomaten, Fenchel, Paprikaschoten, Staudensellerie, Sellerieknolle
- weniger haltbare Gemüse der Jahreszeit in kleinen Mengen: verschiedene Sorten Salat, Spinat, Radieschen

Kühlschrank
- Magerquark
- Joghurt Magerstufe
- Saure Sahne
- Crème fraîche
- Schnittkäse
- Weichkäse
- Hartkäse: Pecorino, Parmesan
- Frühstücksspeck in Scheiben
- Aufschnitt: magere Sorten, wie Roastbeef, (geräuchertes) Huhn, Salami und andere Sorten Hartwurst, roher Schinken, z.B. Parmaschinken
  Achten Sie beim Einkauf von Wurst darauf, dass kein Mehl verarbeitet wurde. Viele Wurstsorten enthalten auch Zucker!
- Mayonnaise *
- Kräuterquark *
- Tsatsiki *
- Korianderpaste *
- Pesto *
- „schnelle" Marmeladen * (Seite 41ff.)

Tiefkühlfach, -schrank oder -truhe
- Erbsen und andere Hülsenfrüchte (selbst eingekocht oder -gefroren; keine dicken Bohnen)
- Spinat
- Johannisbeeren
- Gartenkräuter
- 100 % Vollkornbrot
- selbstgemachte Bouillon
- selbstgemachter Fond

---

* Für Nahrungsmittel oder Gerichte, die mit einem * gekennzeichnet sind, finden Sie das Rezept in diesem Buch.

EINKAUF DER RICHTIGEN PRODUKTE

Das Basisprinzip der Montignac-Methode ist die Vermeidung schlechter Kohlenhydrate und der regelmäßige Verzehr sehr guter Kohlenhydrate. Außerdem sollte man in Phase I, in der Abnahmephase, keine Kohlenhydrate mit einem GI über 35 in Kombination mit Fetten essen. Auch bei den Fetten unterscheidet man zwischen guten und schlechten Fetten, aber das nicht wegen des schnelleren Abnehmens, sondern wegen der günstigen Wirkung auf die Gefäße.

Zu den *guten* Kohlenhydraten gehören alle Vollkornprodukte, Vollkornbrot, Müsli, Nudeln und auch Reis, Hülsenfrüchte, Obst und Gemüse. *Schlechte* Kohlenhydrate sind Kartoffeln, Mais, gekochte Karotten, Rote Bete, Zucker und alle industriell verarbeiteten Produkte wie Mehl, Weißbrot und geschliffener (weißer) Reis. Für eine ausführliche Erläuterung der Methode möchte ich auf die anderen Montignac-Bücher hinweisen (siehe Anhang).

Probleme beim Einkauf

Bezüglich o. g. Richtlinien kommen in der praktischen Umsetzung regelmäßig Fragen und eventuelle Zweifel auf. Meistens hängen diese zusammen mit anfänglicher Unkenntnis über die Zusammensetzung von Produkten, die man beim Einkauf sieht, oder der Unsicherheit darüber, ob man nun auch die „richtigen" Produkte kauft und ob bzw. wie man die Produkte nun kombinieren darf.

Eine wichtige Informationsquelle ist das Etikett, obwohl dies noch nicht so ausführlich ist, wie wir uns das wünschen. Und das gilt insbesondere für den Montignac-Anhänger. Denn der glykämische Index wird – außer bei Montignac-Produkten – nirgendwo vermerkt. Trotzdem wurde die Etikettierung, die sich inzwischen weitgehend durchgesetzt hat, schon verbessert und bietet immer mehr Information. Ein anderer wichtiger Faktor für die richtige Produktwahl ist die Kenntnis der verschiedenen Verarbeitungsprozesse z. B. von Getreide und Milchprodukten.

Zu diesem Thema werden hier einige wichtige Nahrungsmittel erläutert: **Vollkornprodukte** (Brot, Nudeln), **Reis**, **Milchprodukte** (Milch, Quark, Joghurt, Schlagsahne), **magerer Brotbelag**, **Süßstoffe** und **Light-Produkte**, insofern diese für unsere täglichen Rezepte und Menüs relevant sind.

Vollkornprodukte

Getreidekörner (Weizen, Hafer, Grünkern, Gerste, im weiteren Sinne auch Buchweizen, Reis) bestehen aus einem Mehlkörper, der von mehreren Blatthäutchen umhüllt ist. In diesen Blatthäutchen befinden sich viele wertvolle Nährstoffe: Eiweiß, Enzyme, Vitamine, Mineralien und Spurenelemente, Lecithin, etwas Fett und Fasern. Der Mehlkörper selbst enthält kaum Mineralien und Vitamine, sondern zum größten Teil Kohlenhydrate. Im Laufe der Zeit ging die Entwicklung dahin, dass der Nachdruck immer mehr auf den „weißen" Mehlkörper gelegt wurde, während die anderen Bestandteile (die Blatt- und Saatkornhäutchen usw.) als „Ballast" und Abfall weggeworfen oder als Viehfutter verwertet wurden. Also wurden die Bestandteile mit dem höchsten Nährwert dem Menschen vorenthalten. Man warf buchstäblich „Perlen vor die Säue"!

Glücklicherweise ist in den letzten Jahrzehnten eine Gegenbewegung entstanden, die den Wert der Vollkornnahrung, in der alle wertvollen Stoffe wie z.B. die äußeren Blatthäutchen noch enthalten sind, wieder entdeckt hat. Wenn allerdings keine entsprechenden Vorkehrungen getroffen werden, geraten auf diesem Wege wieder allerlei Reste von Insekten- und Schädlingsbekämpfungsmitteln u.Ä. ins 100 %ige Vollkornbrot. Deswegen ist es auch so wichtig, dass die Anbaumethoden so naturgemäß wie nur möglich sind.

100 % Vollkornbrot

Der Name „100 % Vollkornbrot" darf nur benutzt werden, wenn das Brot ausschließlich aus Vollkornmehl hergestellt wurde. Letzteres wird dann wieder definiert als „Mehl, dessen Zusammensetzung aus dem gesamten Korn besteht" und mit „100 % Ausmahlungsgrad" bezeichnet wird.

Diese Bezeichnung deutet noch auf den herkömmlichen Mahlprozess hin, bei dem die Getreidekörner zwischen Mühlsteinen gemahlen wurden. Wenn alle Bestandteile – also 100 % – als Mehl verwendet werden, handelt es sich um Vollkornmehl.

Nicht zu verwechseln mit Vollkornbrot, dessen Bezeichnung zweideutig ist. (In Deutschland ist bei der Herstellung von Vollkornbrot ein 10 %iger Zusatz von niedrig ausgemahlenen helleren Mehltypen erlaubt, d.h. der Vollkornanteil beträgt maximal nur 90 %). Der glykämische Index liegt bei 50, d.h. es gehört zu den guten Kohlenhydraten.

Steingemahlenes Mehl ist zwar noch vereinzelt erhältlich, aber mit dem Getreideaufsatz der Küchenmaschine kann man denselben Effekt erzielen. Das meiste Mehl kommt aus Industriemühlen. Hier werden die einzelnen Bestandteile des Korns erst einmal getrennt (Stärkemehl, Blatthäutchen, Kleie) und anschließend wieder zu Mehlsorten mit verschiedenem Ausmahlungsgrad zusammengestellt. Wie oben bereits erwähnt, wird für 100 % Vollkornbrot Vollkornmehl mit 100 % der Vollkornbestandteile verwendet.

Graubrot

Im Gegensatz zum 100 %igen Vollkornbrot gibt es für Graubrot keine Vorschriften bezüglich des Ausmahlungsgrades der verwendeten Mehlsorten. Manchmal werden verschiedene Getreidesorten verwendet, wodurch man das 4-, 5-, 6- oder Mehrkornbrot erhält.

Es klingt gesund, muss es aber nicht sein! Sicher nicht, wenn auch noch raffiniertes Mais- oder Reismehl enthalten ist. Eigentlich sollte man die Getreidesorten und den Ausmahlungsgrad der verwendeten Mehlsorten erfragen. Die verarbeiteten Getreidesorten stehen oft auf der Verpackung, allerdings ohne Angabe der jeweiligen Anteile. Es ist also gut möglich, dass z. B. der angegebene Hafer nur einen kleinen Anteil darstellt. Auch die Bäcker selbst können oder wollen hierüber keine Auskunft geben. Man denkt vielleicht, dass die Farbe des Brotes ein Hinweis sein könnte: „je dunkler, desto besser". – Aber passen Sie auf! Manchmal wird dem Brot auch Karamell oder Malz zugesetzt, um eine schöne, dunkelbraune Farbe zu erhalten!

Bei gutem Graubrot liegt der glykämische Index bei 50 oder niedriger, es handelt sich hier also um *gute* Kohlenhydrate.

Teigwaren (Pasta & Nudeln)

Die meisten Teigwaren (Spaghetti, Makkaroni etc.) bestehen mehr oder weniger aus raffiniertem Weizenmehl. Der Unterschied zu Brot ist allerdings, dass italienische Pasta aus Hartweizen hergestellt wird, der nur in wärmeren Regionen gedeiht. Dieses Hartweizenmehl – auch raffiniert – sorgt dafür, dass „weiße" Pasta (55) einen günstigeren glykämischen Index hat als Weißbrot (70). Und ganz sicher gilt dies für braune oder Vollkornnudeln, bei denen der glykämische Index zwischen 40 und 30 liegt. Essen Sie also lieber Vollkornnudeln, die Sie im Reformhaus oder inzwischen auch im Supermarkt in immer besseren Qualitäten kaufen können. Auch Michel Montignac verkauft unter eigenem Namen diverse, vom Geschmack her ausgezeichnete Vollkornnudeln.*

Wenn Sie „weiße" Nudeln essen wollen, achten Sie dann auf die Bezeichnung „hergestellt aus Hartweizen" oder „grano duro". Die einheimischen Teigwaren sind meistens aus Weizen hergestellt, der mehr Stärkemehl und Gluten

---

* siehe Anhang

enthält, wodurch er sich für die Brotherstellung besser eignet; deshalb rate ich Ihnen, diese Teigwaren lieber zu meiden.

Reis

Naturreis

Der Reis, der in unserer industrialisierten Wohlstandsgesellschaft am meisten gegessen wird, gehört zu den *schlechten* Kohlenhydraten, da die Reiskörner „geschliffen" oder „poliert" werden, d.h. das Silberhäutchen, das alle Mineralien, Spurenelemente, Vitamine und Fasern enthält, wurde entfernt. Der andere, äußere Bestandteil (die Spreu oder Spelzen) enthält viel Silicium, das unverdaulich ist und entfernt werden muss: „geschält". Reis, der nur geschält ist, heißt Naturreis, Vollkornreis wilder oder brauner Reis und enthält noch alle Nährstoffe, inklusive der Fasern. Mit seinem Index von ca. 50 zählt er zu den *guten* Kohlenhydraten.

Asiatischer oder Klebreis

Dieser ist auch „weiß", aber es handelt sich um *gute* Kohlenhydrate mit einem glykämischen Index von ca. 50. Das kommt von dem hohen Anteil *guten* Stärkemehls, Amylose.

Parboiled Reis

Dieser Reis wird ungeschält eingeweicht und danach zusammen mit der Spreu vorgedämpft, wodurch der größte Teil der Nährstoffe aus dem Silberhäutchen in das Korn einzieht. Die Körner werden anschließend geschält und poliert, aber der Nährwert bleibt größtenteils erhalten.

Der glykämische Index hängt davon ab, in welchem Maße der Reis behandelt bzw. geschält wurde, aber er ist eher höher als 50, gehört also zu den *schlechten* Kohlenhydraten. Schnellkochreis, der geschält und anschließend vorgedämpft wird, hat einen hohen glykämischen Index von 85.

Milch und Milchprodukte

Wenn man die Montignac-Methode richtig einsetzen will, ist es wichtig zu wissen, dass Milch zu gleichen Anteilen sowohl Kohlenhydrate als auch Fette enthält. Vollmilch besteht zu 3,5 % aus Fett und 4 % aus Kohlenhydraten und wird für Phase I nicht empfohlen. Der Fettgehalt bei Magermilch ist so gering, dass man ihn ausser Acht lassen und somit in Phase I zu einer Kohlenhydratmahlzeit Magermilch trinken kann.

Dasselbe gilt für Joghurt und Quark. Beide, Vollmilch- und Magermilch-Joghurt, enthalten 4% Kohlenhydrate, aber der Fettgehalt von magerem Joghurt sowie Buttermilch beträgt weniger als 0,1% gegenüber mehr als 3,5% bei Joghurt aus Vollmilch. Vollmilchquark enthält 11% Fett, Magerquark ca. 1% oder weniger bei einem Kohlenhydratanteil von 3 bis 4%.

Auch der Kohlenhydratanteil der verschiedenen Sahnesorten beträgt ca. 3%, aber der Fettgehalt variiert beträchtlich. Schlagsahne und Crème fraîche haben den höchsten Fettgehalt (ca. 35%). Schmand, Kaffeesahne und saure Sahne enthalten ca. 20% Fett. Die magerste Form ist teilentrahmte Sahne mit 10% Fett.

In der Montignac-Methode wird Sahne zum Binden kalter und warmer Soßen benutzt. Hierbei sollte aber der Fettgehalt beachtet werden, denn Sahne mit einem Fettgehalt wie dem von saurer Sahne darf nicht kochen, da sie sonst gerinnt, was bei Crème fraîche nicht der Fall ist.

Kaffeesahne enthält zwar noch weniger Fett (0% in magerer, bis zu 8% in voller Kaffeesahne), aber der Kohlenhydratanteil liegt bei gut 10%! Also: lieber weglassen.

Magerer Brotbelag

In Phase I sind bei Kohlenhydratmahlzeiten mit Brot (als Frühstück oder Mittagessen) reichlich Variationsmöglichkeiten gegeben, da man Vollkornbrot mit magerem Quark, evtl. mit Kräutern, Joghurt und Marmelade ohne Zucker essen darf. Das kann man noch mit einigen anderen Produkten erweitern, deren Fettgehalt sowie Kohlenhydratanteil gleich Null oder sehr gering sind (siehe Tabelle Seite 34).

Sie können also schon in Phase I 100% Vollkornbrot und gekochten Fisch oder Krabben essen und mit Hähnchenbrust oder magerem Schweinebraten gegen Ende von Phase I.

	% Fett	% Kohlenhydrate
Hefeextrakt	0	0
Eiweiß	0	0
Gelatine	0	0
Seitan	0	3
Gemüse-Aufstriche	0	4
Hüttenkäse	4	2
Krabben	2	0
magerer Fisch, gekocht (Scholle, Schellfisch, Seezunge, Thunfisch naturell, Merlan, Kliesche)	1 bis 2	1
Kalbsfrikandeau	3	0
Hähnchenbrust	4	0
Schweinefilet, -medaillon und -frikandeau	4	0
Rauchfleisch	1	0
Schweizer Streukäse	0	4

Süßstoffe

Es kommt vor, dass „Neulinge" in der Montignac-Methode Appetit auf allerlei Süßigkeiten bekommen, die ja bekanntlich eine der Ursachen des Dickwerdens sind! Meistens sind es die Übergewichtigen, die auf Süßigkeiten und besonders auf einen süßen Nachtisch bislang nicht verzichten konnten. Hier ist „Entwöhnung" angesagt, und das dauert einige Zeit. Zum Glück gibt es einige künstliche Süßstoffe, die nicht dick machen und die Ihnen über den Berg helfen. Sie werden übrigens merken, dass Ihr Hang nach Süßem im Laufe der Zeit abnimmt; in den meisten Fällen ist dieser schon nach 6 Monaten verschwunden.

Beim Kochen mit Süßstoffen muss man ihre Beständigkeit gegen das Erhitzen berücksichtigen.

Ein seit langem bekannter Süßstoff ist Saccharin, der bei Erhitzen bis 200°C stabil bleibt und demnach zum Backen geeignet ist. Seien Sie sparsam damit, sonst gibt's einen metallartigen Beigeschmack. Es wird abgeraten, Saccharin während der Schwangerschaft zu gebrauchen.

Zyklamat ist auch schon seit mehr als 30 Jahren bekannt und gleichfalls temperaturbeständig. Es ist nicht so süß wie Saccharin (das 10-fache weniger), wodurch man oft zu viel nimmt, da es den Geschmack nicht weiter beeinflusst. Die täglich erlaubte Menge beträgt ca. 1 g bei einem Körpergewicht von 75 kg.

Aspartam ist in den letzten Jahren stark aufgekommen. Die Temperaturbeständigkeit ist begrenzt: im Ofen bei 120 °C circa 30 Minuten. Ausserdem stimuliert Aspartam , wie das auch bei Kohlenhydraten der Fall ist, die Insulinproduktion. Asculfam eignet sich zum Backen etwas besser (150 °C Ofentemperatur), ist gut löslich, aber hat einen etwas bitteren Geschmack.

Fruktose ist, wenn man sparsam damit umgeht, der beste Ersatz für Zucker und führt zu keinerlei Problemen beim Backen. Aber es handelt sich um Zucker, d. h. sie erhöht – wenn auch nur in geringem Maße – den Blutzuckerspiegel. Ihr glykämischer Index beträgt 20. Fruktose gehört deshalb zu den *sehr guten* Kohlenhydraten und kann in Phase II – auch in Kombination mit Fetten – gegessen werden (also auch in Backwaren).

Light-Produkte

Manch einer möchte auch mal etwas anderes trinken als Kaffee, Tee, Joghurt oder naturbelassenen Fruchtsaft. Die meisten Light-Getränke sind zuckerfrei. Aber überzeugen Sie sich erst selbst davon, denn ein Produkt darf schon „light" genannt werden, wenn es 30 % weniger Zucker enthält als das Äquivalent mit normalem Zuckeranteil.

Die Bezeichnung „light" kommt auch bei fettarmen Produkten vor, jedoch sollten Sie sich das Etikett genau ansehen. Auch hier gilt wieder, dass Produkte mit dieser Bezeichnung versehen werden dürfen, wenn sie 30 % weniger Fett als das Äquivalent mit normalem Anteil enthalten. Light-Produkte sind also nicht fettfrei! Aber das ist ja auch nur von Bedeutung, wenn Sie Fett mit Kohlenhydraten kombinieren wollen.

Noch ein Tipp zum Lesen von Etiketten

Nach den gesetzlichen Bestimmungen muss der Inhalt verpackter Produkte auf dem Etikett angegeben werden. Genaue Mengenangaben sind nicht erforderlich, obwohl das hin und wieder vorkommt, z. B. bei Milchprodukten oder Brot. In der Spezifikation werden die Inhaltsstoffe in der Reihenfolge des höchsten Zutatenanteils genannt. Ein 5-Kornbrot kann also zu 95 % aus Weizen- und Roggenmehl bestehen, wobei die anderen genannten Zutaten nur einen Bruchteil ausmachen.

Verpackten Nahrungsmitteln wird häufig Zucker und Stärkemehl hinzugefügt; außer Zucker auch Mais, Getreide, Sirup, Honig oder Rohrzucker.

DIE REZEPTE

AUFS BROT – HERZHAFT

Kräuterquark kann eine ideale Alternative zu Butter sein. Eine Scheibe frisches Vollkornbrot, bestrichen mit Kräuterquark und mit ein paar Scheiben Gurke, Tomate, Paprika oder Champignons belegt, ist eine wahre Delikatesse.

In diesem Abschnitt werden einige Rezeptvariationen mit Kräuterquark beschrieben.

In Phase II können Sie diese mit einer Scheibe Huhn oder anderem mageren Aufschnitt (Roastbeef oder Rauchfleisch) anreichern.

Wenn Sie den Kräuterquark mindestens 6 Stunden in einem Sieb (mit Küchenpapier) abtropfen lassen, wird die Quarkmasse fester. Sie verhindern dadurch, dass das Brot nachher durchweicht. So sieht Ihr Lunchpaket auch nach ein paar Stunden noch appetitlich aus und schmeckt lecker.

Der abgetropfte Quark hält sich – unter Berücksichtigung des Haltbarkeitsdatums – in einem verschlossenen Gefäß im Kühlschrank maximal 3 Tage.

Hier folgen 3 Rezepte mit Kräuterquark: mit frischen grünen Kräutern, mit getrockneten Kräutern und mit Kräutern in Pulverform.

Wenn Sie Knoblauch verwenden, bedenken Sie, dass der Knoblauchgeschmack schnell vorherrschen kann.

KRÄUTERQUARK MIT FRISCHEN GRÜNEN KRÄUTERN (V)

ZUTATEN

250 g Magerquark
1 EL gehackter Schnittlauch
3 EL gehackte grüne Kräuter nach Wahl:
Petersilie, Sellerie, Koriander, Bohnenkraut,
Kerbel oder Minze
- (Knoblauch)
- Pfeffer & Salz

Den Schnittlauch und die grünen Kräuter unter den Quark mengen, mit Pfeffer und Salz abschmecken.

In ein Sieb ein dünnes **Leinentuch** oder **Küchenpapier** legen und in eine Schüssel hängen. Den Quark in das Sieb geben und mindestens 6 Stunden abtropfen lassen.

Der Quark wird in einen **verschließbaren Behälter** gefüllt und kann im Kühlschrank höchstens 3 Tage aufbewahrt werden.

KRÄUTERQUARK MIT GETROCKNETEN KRÄUTERN (V)

ZUTATEN

250 g Magerquark
2 EL getrocknete italienische Kräuter
oder Kräuter der Provence
- (eventuell Knoblauch)
- Pfeffer & Salz

Die getrockneten Kräuter unter den Quark mengen, mit Pfeffer und Salz abschmecken.

In ein Sieb ein dünnes **Leinentuch** oder **Küchenpapier** legen und in eine Schüssel hängen. Den Quark in das Sieb geben und mindestens 6 Stunden abtropfen lassen.

Der Quark wird in einen **verschließbaren Behälter** gefüllt und kann im Kühlschrank höchstens 3 Tage aufbewahrt werden.

PAPRIKAQUARK (V)

ZUTATEN

250 g Magerquark
1/2 TL Paprikapulver (scharf)
- ein paar Kümmelkörner
- (Knoblauch)
- Pfeffer & Salz

Paprika und Kümmel unter den Quark mengen, mit Pfeffer und Salz abschmecken.

In ein Sieb ein dünnes **Leinentuch** oder **Küchenpapier** legen und in eine Schüssel hängen. Den Quark in das Sieb geben und mindestens 6 Stunden abtropfen lassen.

Der Quark wird in einen **verschließbaren Behälter** gefüllt und kann im Kühlschrank höchstens 3 Tage aufbewahrt werden.

TSATSIKI (V)

Tsatsiki passt wunderbar zu einer Kohlenhydratmahlzeit, z.B. als Brotauf-strich auf ein getoastetes Vollkornbrot mit Tomate und Paprika.

ZUTATEN

1/2	Gurke
1-2	Frühlingszwiebeln, in Ringe geschnitten
1	Knoblauchzehe, fein gehackt
250 g	magerer Joghurt
1 EL	Petersilie oder Koriander, fein gehackt
•	Pfeffer & Salz

Die Gurke schälen, halbieren, mit einem Löffel die Kerne entfernen und in kleine Würfel schneiden.

Die Gurkenwürfel in einen Behälter geben und Zwiebeln, Knoblauch, Jo-ghurt und die fein gehackten Kräuter unterrühren. Mit Pfeffer und Salz ab-schmecken.

Den Behälter mit dem Tsatsiki fest verschließen und eine Stunde im Kühl-schrank ziehen lassen.
Maximal 3 Tage haltbar.

AUFS BROT – SÜSS

Wenn man wie das in Phase I der Fall ist, sein Brötchen oder Butterbrot nicht mehr wie gewohnt mit „normaler" Marmelade, Käse oder Wurst essen darf, kann das für manche schon ein Problem sein.

Besonders für solche Leckermäuler haben wir in diesem Kapitel einige Rezepte zusammengestellt, mit denen sie schnell ihren eigenen Brotaufstrich fürs Frühstück, Pausenbrot oder Lunch herstellen können.

„SCHNELLE" MARMELADEN
Siehe Foto nach Seite 48

Herkömmliche Marmelade enthält einen beachtlichen Anteil Zucker, der ihr durch seine Gelierfähigkeit Stabilität verleiht und sie außerdem länger haltbar macht.

In der Montignac-Methode sollte man unbedingt auf Zucker verzichten. Aber man kann auch köstliche zuckerfreie Marmelade herstellen und zum Gelieren Pektin verwenden. Das ist ein natürliches Bindemittel, das in den Früchten selbst vorkommt. Und mit Pektin hergestellte Marmeladen passen ausgezeichnet zur Montignac-Methode. Da kein Zucker zugefügt wird, sind diese Marmeladen nicht so lange haltbar, aber im Kühlschrank bleiben sie mindestens drei bis vier Wochen gut.

Natürlich können Sie zuckerfreie Marmelade auch in Reformhäusern und Bioläden oder im Supermarkt kaufen. Auch Montignac bringt eigene, köstliche Marmeladen auf den Markt, aber selbst gemacht sind sie natürlich ebenfalls sehr lecker.

Da bei der Herstellung von Marmelade die Früchte gekocht werden, können sie – im Gegensatz zu ungekochten Früchten – im Magen nicht mehr gären. Für diese Marmelade braucht der Magen also nicht leer zu sein, und Sie können sie ruhig aufs Brot essen oder nach einer Kohlenhydratmahlzeit als Nachtisch mit magerem Joghurt oder Quark.

Gerade für die Zubereitung von Marmeladen ist die Mikrowelle ein praktisches Hilfsmittel, mit dem sich flott und sauber arbeiten lässt. Wer keine Mikrowelle besitzt, kann die Früchte einfach auf dem Herd erhitzen und lässt sie 1–2 Minuten durchkochen. Die Arbeitsweise ist ansonsten dieselbe.

APRIKOSENMARMELADE (V)

(für 2 Gläser von 250 Gramm)

ZUTATEN

500 g getrocknete Aprikosen, entsteint
- Saft von 1–2 Zitronen
- Wasser, die Aprikosen müssen zu 2/3 bedeckt sein

Die Aprikosen mit dem Zitronensaft und dem Wasser weich kochen. In der **Mikrowelle** dauert das auf der höchsten Stufe (800 Watt) ca. 6 Minuten. Danach die Aprikosen vom Herd nehmen und abkühlen lassen.

Die Aprikosen in der **Küchenmaschine** oder mit dem **Stabmixer** pürieren.

Die Marmelade in saubere Gläser füllen und im Kühlschrank aufbewahren, wo sie mindestens 3 Wochen haltbar bleibt.

MARMELADE AUS ROTEN BEEREN (V)

(für 2 Gläser von 250 Gramm)

Für diese Marmelade können Sie Johannisbeeren, Erdbeeren, Himbeeren, Heidelbeeren oder Brombeeren verwenden. Obwohl dieser Marmelade keine Flüssigkeit (Wasser, Zitronensaft) zugefügt wird, ist sie doch nicht so fest wie Aprikosen- oder Pflaumenmarmelade, da die Beeren viel mehr Saft abgeben. Aber wenn man etwas von dem Saft abgießt, ist das Problem schon behoben.

ZUTATEN

750 g rote Beeren nach Wahl
(entweder 1 Sorte
oder gemischt)

Die gewaschenen und geputzten Beeren erhitzen und einige Minuten kochen lassen.

Fortsetzung ☛

Danach vom Herd nehmen, abkühlen lassen und gegebenenfalls über einem Sieb etwas abtropfen lassen.
In der **Mikrowelle** dauert das auf der höchsten Stufe (800 Watt) ca. 6 Minuten.

Die Beeren in der **Küchenmaschine** oder mit dem **Stabmixer** pürieren.

Die Marmelade in saubere Gläser füllen und im Kühlschrank aufbewahren, wo sie circa 3 Wochen haltbar bleibt.

Tiefgekühlt beträgt die Haltbarkeit ca. 3 Monate.

 TIPP

Eine Scheibe getoastetes Vollkornbrot mit Magerquark bestreichen, darauf etwas von dieser köstlichen Marmelade geben, mit ein paar Blättchen Melisse garnieren, und schon haben Sie ein kleines Törtchen.

PFLAUMENMARMELADE (V)

(für 2 Gläser von 250 Gramm)

ZUTATEN

500 g getrocknete Pflaumen
- Saft von 1–2 Zitronen
- Wasser, Pflaumen müssen zu 2/3 bedeckt sein

Die Pflaumen mit dem Zitronensaft und dem Wasser weich kochen.
In der **Mikrowelle** dauert das auf der höchsten Stufe (800 Watt) ca. 6 Minuten.

Danach die Pflaumen vom Herd nehmen und abkühlen lassen.
Wenn die Pflaumen nicht entsteint sind, müssen Sie erst noch die Kerne entfernen.

Die Pflaumen in der **Küchenmaschine** oder mit dem **Stabmixer** pürieren.

Die Marmelade in saubere Gläser füllen und im Kühlschrank aufbewahren, wo sie circa 3 Wochen haltbar bleibt.

SAUCEN & DRESSINGS

Dicke, mit Mehl gebundene Saucen passen nicht in die Montignac-Methode. In diesem Kapitel zeigen wir einige Möglichkeiten auf, wie man Saucen leicht binden kann, ohne Mehl zu benutzen.

Außerdem finden Sie hier Saucenrezepte für Salate oder Gemüsegerichte sowie für Vinaigrette und Mayonnaise. Es folgen einige Vorschläge für Basisrezepte, mit denen man ein Gericht schnell und einfach veredeln kann.

Im Allgemeinen halten sich die Saucen im Kühlschrank 2 bis 3 Wochen.

Saucen

Die Zeit der dicken Saucen – auch ohne die Montignac-Methode – ist eigentlich vorbei. Der Trend geht immer mehr zum leichten Gericht und unverfälschten Geschmack. Saucen haben die Aufgabe, den Geschmack von Gemüse-, Fleisch- oder Fischgerichten zu unterstützen und zu steigern und nicht zu übertönen oder extra zu „füllen". Durch bewusstere Essens- und Zubereitungsweisen sind Saucen sogar teilweise überflüssig geworden. Schnell gebratenes Gemüse, in Olivenöl geschmorter Porree und in der Mikrowelle blanchierter Fenchel haben einen wunderbaren Eigengeschmack und bedürfen nicht unbedingt einer Sauce. Das gilt auch für gebratenes Fleisch, Geflügel oder Fisch.

Für den Fall, dass Sie eine Sauce doch unerlässlich finden, geben wir Ihnen ein paar allgemeine Tipps für Saucen, die zur Montignac-Methode passen.

Leicht gebundene Saucen mit Sahne oder Crème fraîche

Nach dem Braten das Fleisch, Huhn oder den Fisch aus der Pfanne nehmen und den Bratenansatz mit einem Schuss Wein oder etwas konzentrierter Bouillon in der entsprechenden Geschmacksrichtung ablöschen und einkochen lassen.

Um die Sauce leicht zu binden, fügt man einen oder mehrere Löffel Crème fraîche oder Sahne hinzu und lässt alles bei mäßiger Hitze eindicken. Achten Sie darauf, dass die Crème fraîche oder Sahne auf Zimmertemperatur ist, damit sie nicht gerinnt. Sollte das doch einmal passieren, kann man dieses kleine Malheur mit dem Stabmixer schnell beheben.

Anstatt Sahne kann man auch ausnahmsweise ein paar eiskalte Butterflöckchen mit dem Schneebesen unterrühren, wodurch die Sauce ebenfalls gebunden wird und einen volleren Geschmack bekommt. Bei den einzelnen

Rezepten wird näher erläutert, wie man die Gerichte vollendet und welche Sauce dazu passt.

Das Fleisch sollte nicht zu heiß gebraten werden. Denn wenn das Fleisch zu heiß angebraten wird, besteht die Gefahr, dass es verbrennt. Dieser verbrannte Bratensaft macht die Sauce nicht nur bitter, sondern ist auch gesundheitsschädlich.

In Phase I ist es wegen möglicher Zusätze besser, selbst gemachte Bouillon zu verwenden. Kontrollieren Sie bei Fertigprodukten zuerst die Zusammensetzung auf dem Etikett.

In der Praxis hat sich gezeigt, dass in industriell produzierten Bouillons und Fonds (konzentrierte Bouillon) manchmal Zucker hinzugefügt wird.

Der Gebrauch von Wein in Saucen ist erlaubt.

Etwas dicker gebundene Saucen mit Gemüsepüree

Um einer Sauce etwas mehr Konsistenz zu geben, können Sie gares Gemüse- oder Champignonpüree zufügen. Im folgenden Abschnitt wird beschrieben, wie man eine solche Sauce zubereiten kann.

In einer hohen Stielkasserolle wird Olivenöl erhitzt und darin 2 Zwiebeln, ein Stück Porree und beispielsweise 1/4 Sellerieknolle oder 2 Stängel Staudensellerie gedünstet. Dann gießt man etwas Flüssigkeit zu (Bouillon oder Fond), schmeckt mit Pfeffer und Salz ab und lässt alles gar schmoren.

Danach wird das Ganze in der Küchenmaschine oder mit dem Stabmixer sehr fein püriert und als Bindemittel unter die Sauce gerührt. Eine solche Sauce passt ausgezeichnet zu Fleisch, Geflügel oder Fisch.

Bei Schmorgerichten, wie zum Beispiel Gulasch oder Curry, wird das Gemüse schon während des Kochprozesses gar. In diesem Fall püriert man einen Teil des mitgeschmorten Gemüses und bindet hiermit die Sauce.

Mit einem kleinen Stückchen kalter Butter, etwas Sahne oder Crème fraîche (auf Zimmertemperatur) kann man diese Sauce noch verfeinern.

Saucen zu Fleisch, Fisch oder Huhn kann man auch mit Champignonpüree binden. Sie können auch roh pürierte Champignons nehmen, aber ein Püree von Champignons, die vorher zusammen mit einer Schalotte in etwas Olivenöl gedünstet wurden, ergibt viel mehr Aroma und schmeckt besser.

AIOLI (V)

ZUTATEN

    4 große frische Knoblauchzehen
    1 Eigelb
    • Pfeffer & Salz nach Bedarf
ca. 1/4 l Olivenöl

Eigelb, Salz, Knoblauch und Öl in einen **hohen Becher** (oder **Marmeladenglas**) geben und mit dem **Stabmixer** kräftig verrühren.

Die Zubereitung mit dem **Handmixer** geht folgendermaßen:

   Knoblauch durch die **Presse** drücken oder sehr fein hacken und mit dem Eigelb und Pfeffer und Salz verrühren. Unter ständigem Rühren nach und nach beinahe tropfenweise das Öl hineinrinnen lassen, bis eine ziemlich dicke Mayonnaise entsteht.

KORIANDERPASTE (V)

(für ca. 1 Marmeladenglas)

ZUTATEN

3 Sträußchen	Koriander, gewaschen und getrocknet
3	Knoblauchzehen
200 ml	Erdnuss- oder Olivenöl

Koriander und Knoblauch in der **Küchenmaschine** grob zerkleinern.

Das Öl hineingeben und gut vermischen.

Die Korianderpaste wird in ein sauberes Glas gefüllt und bleibt im Kühlschrank mindestens einen Monat haltbar.

TIPP

Ein (Lamm-)Kotelett, vor dem Backen oder Grillen mit dieser Paste bestrichen, ergibt ein überraschend leckeres Resultat.

Ein Löffel Korianderpaste in Gemüse- oder Wokgerichten kann Wunder wirken.

Ich sage vorsichtig „kann", denn beim Koriander wie auch beim Bohnenkraut oder Knoblauch gibt es Leute, die ihn entweder mögen oder total ablehnen.

SCHNELLE MARMELADEN – Rezept auf Seite 41

TÜRKISCHER SALAT – Rezept auf Seite 60

Kräuteressig & Öle (V)

Das Aromatisieren von Essig und Öl ist ganz einfach. Aber richten Sie nicht zu viel auf einmal an. Nach meiner Erfahrung nimmt das Aroma nach einiger Zeit ab, und der Rest wird dann nicht mehr verwendet. Für das Aromatisieren von Essig und Öl sind entsprechende Fläschchen und Gläser im Handel erhältlich; die Hauptsache ist, dass diese luftdicht verschlossen werden können. Vergessen Sie nicht, die Fläschchen mit Namen und Datum zu beschriften.

Leckere Kombinationen mit Essig:
- Himbeeren, schwarze Johannisbeeren
- Estragon, Knoblauch (kurze Haltbarkeit), Thymian, Bohnenkraut und Salbei

Kombinationen mit Öl:
- Salbei, Rosmarin, Thymian, Knoblauch, Ingwer und Pfeffer

Die gewünschte Menge Essig in das Glas oder Fläschchen füllen und ein paar schöne, einwandfreie Himbeeren oder Johannisbeeren hineingeben.

Wenn man die Mischung noch weiter aromatisieren will, kann man einen Zweig frische, gewaschene und mit Küchenpapier abgetupfte Kräuter zufügen.

Die Arbeitsweise für Ölmischungen ist dieselbe.

Nach ca. 2 Wochen hat das Öl bzw. der Essig das Aroma der Früchte oder Kräuter angenommen und ist fertig zum Gebrauch. Beim Zusatz von Knoblauch geht's noch schneller, und die Mischung kann schon nach ein paar Tagen verwendet werden.

MAYONNAISE (V)

ZUTATEN

1	Eigelb
einige Tropfen	Zitronensaft oder Essig
•	Pfeffer & Salz
ca. 1/4 l	(Erdnuss-)Öl
•	(Wasser)

Alle Zutaten auf Zimmertemperatur verarbeiten.

Eigelb mit Zitronensaft oder Essig und etwas Pfeffer und Salz verrühren. Unter ständigem Schlagen nach und nach beinahe tropfenweise gerade so viel Öl hineinrinnen lassen, bis die Mayonnaise die gewünschte Konsistenz hat.

Die Mayonnaise mit Pfeffer und Salz und evtl. etwas extra Zitronensaft abschmecken.

Falls die Mayonnaise zu dick ist, kann man sie mit etwas Wasser verdünnen.

Am schnellsten geht es mit dem **Stabmixer**. Bei dieser Technik wird nicht nur das Eigelb, sondern auch das Eiweiß mitverarbeitet.

Alle Zutaten werden in einen **hohen Becher** (oder Marmeladenglas) gegeben. Danach wird der Stabmixer auf den Boden des Gefäßes gesetzt, angeschaltet und langsam durch die sich bindende Masse nach oben gezogen.

Sollte die Mayonnaise doch unverhofft gerinnen, rührt man ein paar Tropfen heißes Wasser unter die Masse, um sie wieder zu binden.

 TIPP

In Phase II können Sie einen Teelöffel Senf zufügen, wodurch der Geschmack etwas intensiver wird.

PESTO (V)

(für ca. 1 Marmeladenglas)

ZUTATEN

3 Sträußchen	Basilikum
3	Knoblauchzehen
50 g	geriebener Pecorino-Käse
50 g	geriebener Parmesan-Käse
ca. 200 ml	Olivenöl

Basilikum und Knoblauch in der **Küchenmaschine** grob zerkleinern.

Den Pecorino- und Parmesan-Käse zufügen und alles gut verrühren.

Das Öl in die laufende Maschine geben und rühren, bis der Pesto glatt, aber nicht zu fein ist.

Der Pesto wird in ein sauberes Glas gefüllt und bleibt im Kühlschrank mindestens einen Monat haltbar.

 TIPP

Ein Löffel Pesto in einem Gemüsegericht ist köstlich. Auch in Kombination mit hartem Ziegenkäse – auf dem **Grill** – schmeckt Pesto ausgezeichnet.

Salatsaucen und Dressings

VINAIGRETTE

Im vorigen Jahrhundert bestanden Salatsaucen aus einem Teil Öl und einem Teil Essig. Das Resultat war ziemlich sauer und um das wieder etwas zu mildern, wurde meistens Zucker oder Honig zugefügt.

An dieser Gewohnheit hat sich bis heute kaum etwas geändert, obwohl die Basiseigenschaften für Salatsaucen inzwischen eine grundlegende Wandlung durchgemacht haben. Heutzutage nimmt man mindestens zwei Drittel Öl für eine Salatsauce.

VARIANTE A (V)

ZUTATEN

2 EL   Zitronen- oder Limonensaft
6 EL   Olivenöl
1 Scheibchen   Ingwerwurzel (ca. 1 cm)
1   Knoblauchzehe

Alle Zutaten werden in ein (verschließbares) **Marmeladenglas** gegeben und kräftig durchgeschüttelt.

VARIANTE B (V)

ZUTATEN

1 EL   Essig
4 EL   Olivenöl
1   Peperoni
1   Knoblauchzehe

Alle Zutaten werden in ein (verschließbares) **Marmeladenglas** gegeben und kräftig durchgeschüttelt.

VARIANTE C (V)

ZUTATEN

1 EL Balsamico- oder Himbeeressig
3 EL Olivenöl
• Pfeffer & Salz

Alle Zutaten werden in ein (verschließbares) **Marmeladenglas** gegeben und kräftig durchgeschüttelt.

 TIPP

In Phase II können Sie den verschiedenen Vinaigrettes einen Teelöffel (groben) Senf hinzufügen.

SALATE

Dieses Kapitel ist Salat und Gemüse gewidmet, die man mit oder ohne Fleisch, Fisch, Geflügel, Aufschnitt oder Käse servieren kann.

Gemüse / Vegetarisch

CREMIGER SELLERIESALAT (V)
(für 4 Personen)

ZUTATEN

2	kleine Sellerieknollen
2 EL	Essig
•	Salz

DRESSING

50 ml	Mayonnaise (siehe Rezept Seite 50)
1 EL	Zitronensaft
50 g	saure Sahne oder Crème fraîche
•	Pfeffer & Salz

GARNIERUNG

1 EL	Sellerieblatt, fein gehackt

In einem Topf reichlich Wasser mit Salz und Essig zum Kochen bringen.

Die Sellerieknollen schälen und grob raspeln. Damit sie nicht braun werden, sofort in das kochende Wasser geben und 1 Minute blanchieren.
Das Gemüse in einem Sieb abtropfen lassen.
Mit kaltem Wasser abspülen, abtropfen und abkühlen lassen.

Die Zutaten für das Dressing anrühren und über den Sellerie geben.
Den Salat mit dem gehackten Sellerieblatt garnieren.

LAUWARMER GEMÜSESALAT (V)

(für 2 Personen)

Für diesen Salat nehmen wir Bohnen und Sellerie, aber er schmeckt auch mit vielen anderen Gemüsesorten, wie z.B. Staudensellerie, Porree, Rettich usw. Das Besondere ist hier, dass das Dressing warm ist und der Salat lauwarm gegessen wird.

ZUTATEN

200 g	grüne Bohnen
200 g	Sellerie, in Streifen geschnitten
•	Saft von 1 Zitrone
•	Pfeffer & Salz

DRESSING

2 EL	Olivenöl
1	rote Zwiebel, in Streifen geschnitten
1 EL	Zitronen- oder Limonensaft

Die Bohnen in einem Topf mit reichlich Wasser ungefähr 10 Minuten blanchieren.

Auch den Sellerie 3 Minuten in kochendem Wasser mit dem Zitronensaft blanchieren.

Das Gemüse zum Abtropfen in ein Sieb geben, etwas abkühlen lassen und dann in eine Salatschüssel geben.

In einer Pfanne das Öl erhitzen und die Zwiebel glasig dünsten, mit etwas Zitronen- oder Limonensaft ablöschen.

Das warme Dressing über das Gemüse gießen und vorsichtig unterrühren.

LAUWARMER PORREE MIT PIKANTEM DRESSING (V)

(für 2 Personen)

ZUTATEN

4   dünne Porreestangen, gewaschen,
    dunkelgrüne Blätter entfernt

DRESSING

4 EL   Olivenöl
1 EL   Balsamico- oder Weinessig
1/2   rote Peperoni, entkernt und
       in feine Ringe geschnitten
 •   Pfeffer & Salz

GARNIERUNG

1   hart gekochtes Ei

Die Porreestangen in 3 oder 4 gleich große Stücke schneiden und in einem Topf mit reichlich Salzwasser 5 Minuten blanchieren.

Die Zutaten für das Dressing anrühren und über den lauwarmen Porree geben.

Das Ei fein hacken und den Porree damit garnieren.

TIPP

In Phase II können Sie einen Teelöffel Senf hinzufügen, wodurch der Geschmack etwas intensiver wird.

PIKANTER GURKENSALAT (V)

(für 2 Personen)

ZUTATEN

- 1 Gurke, entkernt und grob geraspelt
- Salz

DRESSING

- 2 EL Zitronensaft
- 1/2 TL Sambal
- Pfeffer

GARNIERUNG

- einige Streifen roter Paprika

Die geraspelte Gurke in ein Sieb geben, mit Salz bestreuen und ungefähr 15 Minuten Wasser ziehen lassen. Anschließend mit Küchenpapier abtrocknen.

In einer Schüssel die Gurke mit Zitronensaft und Sambal vermischen und mit Pfeffer und Salz abschmecken.

Mit roten Paprikastreifen garnieren.

SALAT AUS GEBACKENEN PAPRIKASCHOTEN (V)

(für 2 Personen)

ZUTATEN

- 2 rote Paprikaschoten
- Zitronensaft
- Pfeffer & Salz

Den Ofen auf 180 °C vorheizen.

Die Paprikaschoten waschen, mit **Küchenpapier** abtrocknen, halbieren, entkernen und die weißen Trennwände entfernen. Mit der Schnittseite nach unten auf ein **Backblech** oder in eine **feuerfeste Form** legen und im Ofen ca. 20 Minuten backen (nicht verbrennen!).

Die Paprikahälften abkühlen lassen. Die Haut, auf der Blasen sichtbar werden, lässt sich jetzt leicht abziehen.

Nachdem die Haut entfernt wurde, die Paprika in Streifen schneiden. In die Salatschüssel geben, eventuell mit etwas Zitronensaft besprenkeln und mit Pfeffer und Salz abschmecken.

TOMATENSALAT (**V**)

(für 2 Personen)

ZUTATEN

3–4	große (Strauch-)Tomaten, in Scheiben geschnitten
1	Frühlingszwiebel, in Ringe geschnitten
•	Vinaigrette (siehe Rezept Seite 52/53)
2 EL	Olivenöl
1/2 EL	Zitronen- oder Limonensaft
1	Knoblauchzehe, halbiert

Die Tomaten in die Salatschüssel geben und mit den Zwiebelringen garnieren.

Die Zutaten für das Dressing anrühren, die Knoblauchhälften wieder entfernen und die Vinaigrette über die Tomaten gießen.

TÜRKISCHER SALAT (V)

Siehe Foto vor Seite 49

(für 2 Personen)

ZUTATEN

2 große Strauchtomaten, entkernt
und in kleine Würfel geschnitten
1 rote Paprikaschote, entkernt
und in kleine Würfel geschnitten
1 rote Peperoni, entkernt
und in dünne Ringe geschnitten
1 Schalotte, klein geschnitten

DRESSING

1 EL fein gehackte Petersilie
10 Blättchen junge Minze, klein geschnitten
1/2 TL Zitronensaft
4 EL Olivenöl
• Pfeffer & Salz

GARNIERUNG

• einige große Salatblätter (z.B. Eisbergsalat),
in die der Salat gefüllt wird

Tomaten, Paprika, rote Peperoni und Schalotte vorsichtig vermischen.

Petersilie, Minze, Öl und Zitronensaft hinzufügen.
Mit Pfeffer und Salz abschmecken.

Die großen Salatblätter auf den Tellern anrichten und mit dem Salat füllen.

TIPP

In Phase II kann der Salat mit in Dreiecke geschnittenem Vollkorntoast serviert werden.

ZUCKERSCHOTENSALAT (V)

(für 2 Personen)

ZUTATEN

3 EL	Olivenöl
1	kleine rote Zwiebel, fein gehackt
1/4	gelbe und
1/4	rote Paprikaschote, in kleine Würfel geschnitten
100 g	Zuckerschoten, bissfest blanchiert
2 EL	Balsamico-Essig
•	Pfeffer & Salz
50 g	Feldsalat, Lollo Rosso oder Radicchio

Das Olivenöl im **Wok** odcr in dcr Pfanne erhitzen, Zwiebel und Knoblauch kurz anbraten. Paprikawürfel hinzufügen und bei schwacher Hitze kurz mitbraten.

Die Zuckerschoten unterrühren und das Gericht kurz erhitzen.

Mit Balsamicoessig, Pfeffer und Salz abschmecken.

Zum Schluss Feldsalat, Lollo Rosso oder Radicchio hinzufügen und den Salat lauwarm servieren.

GERÄUCHERTE LACHSFORELLE MIT FENCHELSALAT

(für 4 Personen)

Wenn Sie Lachsforellen zu Hause räuchern wollen, benötigen Sie einen kleinen Räucherofen. Außerdem erfordert das Räuchern extra Sorgfalt und Zeit. Natürlich können Sie den geräucherten Fisch auch einfach kaufen. Pro Person rechnet man 100 bis 150 g Fisch.

Der Fenchel muss mindestens 1 Stunde im Dressing mariniert werden, damit der Geschmack einzieht und der Fenchel weich wird.

Lachsforellen eignen sich vorzüglich dazu, kurz vor dem Essen in einem **Räucherofen** oder (Einweg-)**Räucherschlauch** geräuchert zu werden. Beides können Sie in Küchenspezialgeschäften kaufen. Ein **Räucherofen** muss von unten erhitzt werden und kann am besten draußen auf einen **Campinggaskocher** gesetzt werden.

Der **Räucherofen** wird nach Gebrauchsanweisung vorbereitet. Den Fisch waschen und abtrocknen, in die Bauchöffnung einen Zweig Rosmarin oder Salbei stecken, mit etwas grobem Meersalz bestreuen und auf den Rost des Ofens legen. Die Räucherzeit ist davon abhängig, wie dick und wie schwer das Räucherprodukt ist. Für eine Lachsforelle rechnet man ungefähr eine halbe Stunde je 500 Gramm.

ZUTATEN

1	große oder 2 kleine Lachsforellen
1 EL	grobes Meersalz
1 Zweig	Rosmarin
1 Zweig	Salbei

SALAT

2	schöne Fenchelknollen mit Grün, gewaschen und abgetrocknet
75 g	Parmesan-Käse am Stück
2 EL	Kapern, abgetropft

DRESSING

1	Zitrone, gründlich gewaschen
100 ml	Olivenöl
•	Pfeffer & Salz

GARNIERUNG

•	einige Blättchen Fenchelgrün (von der Knolle)

Fortsetzung ☛

Zuerst das Dressing:

Die Zitronenschale sehr dünn von der Zitrone abreiben und mit 3 EL Zitronensaft und dem Öl in einer Schüssel zu einem Dressing anrühren.

Die Fenchelknolle längs halbieren, danach in dünne Streifen schneiden, in die Schüssel mit dem Dressing geben und eine Stunde ziehen lassen.

Den Fenchelsalat auf den Tellern anrichten und kurz vor dem Servieren den Parmesan-Käse hauchdünn über den Salat hobeln, mit Kapern und dem fein gehackten Fenchelgrün garnieren.

Den Fisch aus dem **Räucherofen** nehmen, Haut und Gräten entfernen und auf jeden Teller eine Portion Fisch legen.

GERÄUCHERTE SPROTTEN MIT FELDSALAT

(für 2 Personen)

ZUTATEN

16	geräucherte Sprotten
50 g	Feldsalat, gewaschen und getrocknet
1/4	Gurke, in dünne Scheiben geschnitten
2 Stangen	Staudensellerie, in sehr dünne Streifen geschnitten
1 EL	Schnittlauchröllchen
1 EL	fein gehackte Petersilie

DRESSING

1 EL	Mayonnaise (siehe Rezept Seite 50)
1/2 TL	Zitronensaft

Die Zutaten für das Dressing anrühren.

Gurke, Staudensellerie, Schnittlauch und Petersilie in einer Schüssel locker vermischen. Mit dem Dressing übergießen.

Zum Schluss den Feldsalat unterheben, auf 2 Tellern anrichten und die geräucherten Sprotten darauf legen.

PARMASCHINKEN AUF KOHLRABI-CARPACCIO – Rezept auf Seite 70

GEBACKENE PAPRIKA MIT SARDELLENDRESSING – Rezept auf Seite 75

HERING NACH HAUSFRAUENART

(für 4 Personen)

ZUTATEN

4	Matjesfilets, in Stücke geschnitten
1 Bund	Radieschen*, in dünne Streifen geschnitten
2 EL	Petersilie oder Dill, fein gehackt
2	Frühlingszwiebeln, in feine Ringe geschnitten

SAUCE

125 g	Joghurt (Vollmilch), abgetropft
125 g	Crème fraîche oder Schlagsahne (etwas schaumig geschlagen)
1 EL	Zitronensaft
•	frisch gemahlener Pfeffer

GARNIERUNG

50 g	Feldsalat
•	Petersilie oder Dill, fein gehackt

In einer Schüssel werden Joghurt und Crème fraîche mit Zitronensaft, Frühlingszwiebeln, Radieschen, Petersilie oder Dill gut verrührt und mit Pfeffer abgeschmeckt.

Die Matjesfilets unterrühren und einige Stunden im Kühlschrank ziehen lassen.

Den Feldsalat putzen, waschen und trocknen.

Vor dem Servieren den Feldsalat auf 4 Teller verteilen, den Heringssalat darauf anrichten und das Ganze mit den fein gehackten Kräutern (Petersilie oder Dill) garnieren.

---

* Der traditionelle Apfel wird hier durch Radieschen ersetzt, die das Gericht auch noch farblich verschönern. Äpfel enthalten *gute* Kohlenhydrate, die man in Phase I nicht mit Fett kombinieren sollte. In Phase II können Sie wieder blanchierte Äpfel anstatt Radieschen nehmen.

HOLLÄNDISCHE MATJES AUF CHICORÉE

(für 2 Personen)

ZUTATEN

4–6	Matjesfilets
2 Stauden	Chicorée, in Längsstreifen geschnitten
6	Radieschen, in Streifen geschnitten
1/2	Tomate, abgezogen und in Streifen geschnitten
2	Frühlingszwiebeln, in Ringe geschnitten

DRESSING

3 EL	Weißweinessig
3	Safranfädchen
3 EL	Maisöl
3 EL	Hühnerbouillon, warm (siehe Rezept Seite 106)
1	hart gekochtes Eigelb

Den Weinessig mit dem Safran auf dem Herd oder in der **Mikrowelle** erhitzen, damit Safrangeschmack und -farbe sich entfalten können.

Das Öl und anschließend die warme Hühnerbouillon unterrühren und kräftig schlagen. Das Dressing abkühlen lassen.

Das hart gekochte Eigelb durch ein Sieb drücken und auch unter das Dressing rühren.

In einer Schüssel Chicorée, Radieschen, Tomate und Frühlingszwiebeln locker mit dem Dressing vermischen.

Der Salat wird auf 2 Tellern angerichtet und die Matjesfilets darauf gelegt.

WEISSKOHLSALAT MIT THUNFISCH

(für 2 Personen)

ZUTATEN

300 g	Weißkohl, sehr fein geraspelt
1/2	Paprikaschote, in sehr kleine Würfel geschnitten
2	Frühlingszwiebeln, in dünne Ringe geschnitten
1 Messerspitze	Kümmel
•	Pfeffer & Salz
100 g	Thunfisch aus der Dose, abgetropft
1 EL	fein gehackte Petersilie und/oder Koriander

DRESSING

1 EL	Weißweinessig oder Zitronensaft
3 EL	Olivenöl

GARNIERUNG

2	große Stauden Chicorée
•	einige Blättchen Petersilie / Koriander

Kohl, Paprika, Frühlingszwiebeln und den Kümmel in eine Schüssel geben und mit etwas Pfeffer und Salz bestreuen. Die Zutaten für das Dressing anrühren und über die Kohlmischung geben. Den Salat abgedeckt in den Kühlschrank stellen und mindestens 2 Stunden ziehen lassen. Das Dressing, das hier als Marinade dient, zersetzt die Zellwände, wodurch der Kohl zarter wird.

1 Stunde vor dem Servieren den Thunfisch und die Petersilie und/oder den Koriander unter den Salat mischen.

Den Salat in der Mitte des Tellers anrichten und die abgelösten Chicoréeblätter sternförmig um den Salat legen und mit Petersilie und/oder Koriander garnieren.

Dieses Gericht kann man wunderbar mit den Fingern essen, indem man jedesmal ein Chicoréeblatt mit Salat füllt.

 TIPP

In Phase II können Sie die Sauce mit 1/2 TL Senf verfeinern.

67

GERÄUCHERTE HÄHNCHENBRUST MIT CHICORÉESALAT

(für 2 Personen)

ZUTATEN

150 g geräucherte Hähnchenbrust*,
       in dünne Scheiben geschnitten
3   Chicoréestauden, in Längsstreifen geschnitten
1/4   Paprikaschote, in Streifen geschnitten
2   Tomaten, in Längsstreifen geschnitten
1 EL   Schnittlauchröllchen
1 EL   fein gehackte Petersilie

DRESSING

2 EL   Olivenöl
1 EL   Zitronen- oder Limonensaft
1 EL   Schmand
•   Pfeffer

Die Hähnchenbrustscheiben kranzförmig auf dem Teller anrichten.

Chicorée, Paprika, Tomaten, Schnittlauch und Petersilie in einer Schüssel locker mischen.

Die Zutaten für das Dressing verrühren und unter den Salat heben.

Den Salat in der Mitte, auf den Hähnchenbrustscheiben, anrichten und direkt servieren, da sich bei dieser Kombination, Chicorée und Dressing, leicht ein bitterer Geschmack entwickeln kann.

---

* Geräucherte Hähnchenbrust ist gebrauchsfertig vakuumverpackt beim Fleischer oder Feinkostgeschäft erhältlich.

ITALIENISCHER AUFSCHNITT MIT SALAT

(für 4 Personen)

ZUTATEN

300 g	italienischer Aufschnitt:
	Parmaschinken, Copa di Parma, Salami

SALAT

100 g	Feldsalat
4	weiße Champignons,
	in sehr dünne Scheiben geschnitten
8	Radieschen, in Streifen geschnitten
1/4	Gurke, in Streifen geschnitten
1	Frühlingszwiebel, in Ringe geschnitten
1	Tomate, abgezogen und in Streifen geschnitten
50 g	Pecorino-Käse am Stück

DRESSING

3 EL	Olivenöl
1 EL	Essig (Balsamico)
•	Pfeffer

Den Aufschnitt auf Tellern oder einem großen Holzbrett anrichten.

Den Feldsalat waschen, trockenschleudern und in eine große Salatschüssel geben.
   Radieschen, Gurke und die Zwiebelringe mit dem Salat vermengen, mit Öl, Essig und etwas Pfeffer abschmecken.

Mit dem **Käsehobel** dünne Späne Pecorino- oder Parmesan-Käse abschneiden und über dem Salat verteilen.

Den Salat zum Aufschnitt servieren.

PARMASCHINKEN AUF KOHLRABI-CARPACCIO

Siehe Foto nach Seite 64

(für 2 Personen)

ZUTATEN

100 g	Eisbergsalat, in sehr dünne Streifen geschnitten
1	kleiner, sehr junger Kohlrabi
50 g	Parmaschinken
50 g	Pecorino- oder Parmesan-Käse am Stück
•	einige Blätter Minze

DRESSING

3 EL	Olivenöl
1 EL	Zitronensaft
•	Pfeffer & Salz

Den Eisbergsalat in der Mitte des Tellers anrichten.

Den Kohlrabi schälen und in hauchdünne Scheiben (mit dem **Kartoffelschäler**) schneiden und dachziegelartig auf dem Eisbergsalat verteilen.

Den Parmaschinken in schmale Streifen schneiden und den Eisbergsalat damit umranden.

Mit dem **Käsehobel** dünne Späne Pecorino- oder Parmesan-Käse schneiden und über dem Kohlrabi verteilen.

Die Zutaten für das Dressing anrühren, über dem Salat verteilen und mit einigen Minzeblättchen garnieren.

PARMASCHINKEN AUF ZUCCHINI-CARPACCIO

Diejenigen, die keinen Kohlrabi mögen, können eine Zucchini-Variante ausprobieren, bei der lediglich der Kohlrabi durch Zucchini ersetzt wird.

FETA-SALAT (V)

(für 4 Personen)

ZUTATEN

6	große reife Strauchtomaten, gehäutet und entkernt
2	Frühlingszwiebeln, in Ringe geschnitten
150 g	Feta-Käse, in schmale Streifen geschnitten
1/2	grüne Paprikaschote, in dünne Streifen geschnitten
2 EL	Olivenöl
•	Pfeffer

GARNIERUNG

2 EL	fein gehackte grüne Kräuter: Petersilie, Basilikum etc.

Die gehäuteten Tomaten in kleine Würfel schneiden und auf 4 Salatschalen verteilen.

Mit Frühlingszwiebeln und frisch gemahlenem Pfeffer würzen.

Darüber Feta-Käse und Paprikastreifen verteilen.

Mit Öl beträufeln und mit Pfeffer abschmecken.

TIPP

In Phase II können Sie einige in Ringe geschnittene schwarze Oliven hinzufügen.

TOMATEN MIT MOZZARELLA (V)

(für 2 Personen)

ZUTATEN

2 Pomodori- oder Strauchtomaten
1 Mozzarella
2 Basilikumzweige

DRESSING

1 EL Olivenöl
• Pfeffer & Salz

Tomaten und Mozzarella in dünne Scheiben schneiden, abwechselnd kranz-förmig auf dem Teller anrichten.

Das Olivenöl darüber träufeln, mit frisch gemahlenem Pfeffer und etwas Salz würzen.

Mit Basilikumblättchen garnieren.

 TIPP

In Phase II können Sie auch noch geröstete Pinienkerne darüber streuen.

TOMATEN-GURKEN-SALAT MIT KÄSEDRESSING (V)

(für 4 Personen)

ZUTATEN

4   große oder 8 kleine Strauchtomaten,
in Scheiben geschnitten
1/2   Gurke, in dünne Scheiben geschnitten

DRESSING

100 g   Schimmelkäse (Roquefort, Stilton oder Dana blue)
125 g   Crème fraîche

GARNIERUNG

1 EL   gehackte Petersilie
1   Frühlingszwiebel, in Ringe geschnitten
•   Pfeffer

Den Käse auf dem Herd oder in der **Mikrowelle** schmelzen, die Crème fraîche unterrühren. Die Tomaten- und Gurkenscheiben kranzförmig auf dem Teller anrichten.

Das Käse-Sahne-Dressing darüber verteilen und eventuell noch mit Pfeffer würzen.

Mit Petersilie und Zwiebelringen garnieren.

AVOCADO-TOMATEN-SALAT MIT KÄSEDRESSING (V)

Diese Sauce passt auch wunderbar zu Avocados.
Sie können die Gurke durch 1/2 Avocado pro Person ersetzen.

KALTE VORSPEISEN / SNACKS

In diesem Kapitel finden Sie ein paar Rezeptideen für kalte Gerichte zum Frühstück oder mittags zum Lunch. Diese Gerichte, die meistens aus Gemüse und Fisch bzw. Fleisch zusammengesetzt sind, passen auch als Vorspeise in ein Menü.

EIER GEFÜLLT MIT SARDELLENMAYONNAISE

(für 4 Personen)

ZUTATEN

4	hart gekochte Eier
4	Sardellenfilets, fein gehackt
2 EL	Mayonnaise (siehe Rezept Seite 50)
1 EL	Schnittlauchröllchen
1 EL	Petersilie, fein gehackt
•	Pfeffer & Salz

GARNIERUNG

• etwas Petersilie

Die Eier halbieren, die Eigelbe herauslösen und in eine Schüssel geben. Mit einer Gabel die Eigelbe fein zerdrücken und mit Mayonnaise, Sardellen, Schnittlauchröllchen und Petersilie verrühren.

Die Füllung mit Pfeffer und Salz abschmecken und mit etwas Petersilie garnieren.

GEBACKENE PAPRIKA MIT SARDELLENDRESSING

Siehe Foto vor Seite 65

(für 4 Personen)

ZUTATEN

3 große oder 6 kleine Paprikaschoten
(rot, grün und gelb)

DRESSING

1 Dose Sardellenfilets, abgetropft und
in sehr kleine Stücke geschnitten
1 EL Kapern, fein gehackt
1 Knoblauchzehe, in dünne Scheiben geschnitten
3 EL Olivenöl
1 EL Oregano, fein gehackt
• Pfeffer

Den Ofen auf 200 °C vorheizen.

Die Paprikaschoten waschen, halbieren, entkernen und die weißen Trennwände entfernen. Mit der Öffnung nach unten auf das **Backblech** legen und im Ofen 20 Minuten backen. Achten Sie darauf, dass sie nicht verbrennen. Aus dem Ofen nehmen, abkühlen lassen und die Haut abziehen.

Jetzt die Paprikahälften nochmals halbieren und auf einer großen Platte anrichten.

Die Zutaten für das Dressing anrühren und ungefähr 2/3 davon über die lauwarmen Paprikaschoten gießen. Mindestens 2 Stunden ziehen lassen.

Das restliche Dressing getrennt zu den gebackenen Paprika servieren.

GURKE GEFÜLLT MIT MAKRELENMOUSSE

Siehe Foto nach Seite 80

(für 4 Personen)

Das Mousse sollte mindestens 3 Stunden im Kühlschrank stehen, um fest zu werden.

ZUTATEN

1	geräucherte Makrele, ca. 200 g, ohne Gräten
1 Messerspitze	Paprikapulver, scharf
2 EL	Mayonnaise (siehe Rezept Seite 50)
1 EL	Schnittlauchröllchen
•	etwas Zitronensaft
50 g	Schlagsahne, geschlagen
•	Pfeffer & Salz
1	dünne Gurke
•	(grobes Meer-)Salz

GARNIERUNG

4	Salatblätter
•	Gartenkresse
4	Petersilienzweige

Die Makrele filetieren, notfalls mit der Pinzette noch restliche Gräten entfernen.

Den Fisch durch ein Sieb passieren. Anschließend das Fischpüree mit Paprikapulver, Mayonnaise, Schnittlauch und Zitronensaft verrühren.

Die Schlagsahne unterheben, die Mousse mit Pfeffer und Salz abschmecken und mindestens 3 Stunden im Kühlschrank fest werden lassen.

Die Gurke längs halbieren, mit einem Löffel die Kerne und einen Teil des Fruchtfleisches entfernen, so dass noch ein Rand von ungefähr 1/2 cm übrig bleibt. Die Gurkenhälften mit (Meer-)Salz bestreuen und eine halbe Stunde stehen lassen – um Feuchtigkeit sowie den bitteren Geschmack zu entziehen. Der Vorteil von Meersalz ist, dass es sich leicht entfernen lässt. Anschließend abspülen und mit **Küchenpapier** abtrocknen.

Die Gurkenhälften jeweils in 4–8 gleich große Stücke schneiden und mit der Makrelenmousse füllen.

Fortsetzung ☛

Als Unterlage auf die Teller ein schönes Salatblatt legen, auf dem ein oder zwei gefüllte Gurkenstücke angerichtet werden.

Mit Gartenkresse und Petersilie garnieren.

GURKE GEFÜLLT MIT SCHINKENMOUSSE

Anstatt Makrelen können Sie auch 200 g mageren gekochten oder rohen Schinken verwenden. Den Zitronensaft sollten Sie dann weglassen. Eventuell noch einen Esslöffel fein gehackten Kerbel zufügen.

LACHS MIT ARTISCHOCKENBÖDEN

(für 2 Personen)

ZUTATEN

4 EL	Mayonnaise (siehe Rezept Seite 50)
1/2 EL	Zitronensaft
3	Frühlingszwiebeln, in Ringe geschnitten
1 EL	Dill, fein gehackt
1 Dose	Lachs, abgetropft und in Stücke geteilt
4	gekochte Artischockenböden, in Streifen geschnitten (evtl. aus der Dose)
4	Cocktailtomaten, halbiert
2	Stauden Chicorée

GARNIERUNG

2	Cocktailtomaten

In einer Schüssel Mayonnaise, Zitronensaft, Frühlingszwiebeln und den fein gehackten Dill verrühren.

Den Lachs, die Artischockenstreifen und die Cocktailtomaten dazugeben, vorsichtig umrühren und mit Pfeffer und Salz und evtl. noch etwas Zitronensaft abschmecken.

Die Chicoréeblätter ablösen und sternförmig auf den Teller legen.

In der Mitte den Lachssalat anrichten und mit einer Cocktailtomate garnieren.

LACHSBURGER MIT GURKENDRESSING

(für 4 Personen)

Das Lachstatar muss mindestens 1 Stunde im Kühlschrank ziehen.

ZUTATEN

350 g	frischer Lachs, sorgfältig filetiert ohne Haut und Gräten
2	unbehandelte Limonen

DRESSING

1/4	Gurke, geschält und entkernt
3 EL	Joghurt (Vollmilch)
1 EL	Dill, fein gehackt
•	Pfeffer & Salz

GARNIERUNG

4	schöne Salatblätter
4	Dillzweige
•	blanchierte Streifen Limonenschale

Das Fischfilet auf dem **Fischbrett** in kleine Stücke schneiden oder hacken (wie bei Tatar) und in eine Schüssel geben.

Eine Limone sehr dünn schälen (**Kartoffelschäler**), die Schale in sehr schmale Streifen schneiden und diese in einem Topf mit kochendem Wasser 3 Minuten blanchieren. Danach abtropfen lassen und für die spätere Garnierung beiseite stellen.

Die Limonen auspressen und 2/3 des Saftes unter das Lachstatar rühren, mit Pfeffer und Salz abschmecken und 1 Stunde im Kühlschrank ziehen lassen.

Über einem Sieb die Gurke raspeln, mit Salz bestreuen und eine halbe Stunde stehen lassen – um Feuchtigkeit sowie den bitteren Geschmack zu entziehen.

Die geraspelte Gurke in eine Schüssel geben und mit dem Rest des Limonensaftes, dem Joghurt sowie dem Dill verrühren. Mit Pfeffer und Salz abschmecken.

Von der Lachsmasse 4 flache „Lachsburger" formen, auf die mit einem Salatblatt vorbereiteten Teller legen und mit dem Dressing beträufeln.

Mit Dill und den blanchierten Limonenstreifen garnieren.

MARINIERTER ROHER FISCH

(für 4 Personen)

Dieses Rezept ist eine verfeinerte Variante des peruanischen Nationalgerichtes „Ceviche". Ich vermute, dass unzählige Variationen hiervon im Umlauf sind. Meine Lieblingsvariante heißt „Tiradito", die sich von „Ceviche" darin unterscheidet, dass die Marinade Öl enthält. Das Besondere an diesem Gericht ist, dass der Fisch nicht gekocht oder gebacken wird, sondern in einer Marinade aus Limonensaft eingelegt wird.

Man sollte den rohen Fisch abhängig von der Dicke der Fischstücke oder -scheiben zwischen 10 und 30 Minuten in der Marinade ziehen lassen. Der Fisch ist durchgezogen, wenn er nicht mehr „glasig", sondern weiß oder (bei Lachs) hellrosa ist.

Man kann für dieses Gericht sowohl feste, weiße Fischsorten (z.B. Kabeljau, Hecht, Heilbutt) als auch Fischsorten mit rötlichem Fleisch nehmen. Noch dekorativer ist es, wenn man zwei Farbtöne kombiniert – abwechselnd rosa und weiße Scheiben Fisch.

Überzeugen Sie sich, dass Sie wirklich nur sehr frischen Fisch verwenden.

Um den Fisch in dünne Scheiben schneiden zu können, brauchen Sie ein scharfes Messer, mit dem Sie schräg zum Filet schneiden können. Der Fisch lässt sich übrigens besser schneiden, wenn er gut gekühlt ist.

Fortsetzung ☞

GURKE GEFÜLLT MIT MAKRELENMOUSSE – Rezept auf Seite 76

GEFÜLLTES ROASTBEEF – Rezept auf Seite 83

ZUTATEN

400 g Fischfilet, in sehr dünne Scheiben geschnitten
- weißer Pfeffer & Salz

MARINADE

- Saft von 1–2 Limonen
1 rote Peperoni, in Ringe geschnitten
1 Messerspitze Sambal
2 Knoblauchzehen, fein gehackt
1 EL Olivenöl

GARNIERUNG

4 Limonenscheibchen
1 hart gekochtes Ei, geviertelt
50 g Nordseekrabben
1 EL Petersilie, fein gehackt

Die Fischscheiben sternförmig auf den Tellern verteilen und mit etwas weißem Pfeffer und Salz bestreuen.

Limonensaft, Peperoni, Sambal, Knoblauch und Öl anrühren und mit dieser Marinade den Fisch beträufeln.

Das Gericht mit Limonenscheiben, Krabben und Ei garnieren.

Den Fisch ca. 10 Minuten in der Marinade lassen und kurz vor dem Servieren mit der gehackten Petersilie bestreuen.

TOMATEN GEFÜLLT MIT KRABBEN

(für 2 Personen)

Die Krabbenfüllung muss mindestens eine halbe Stunde ziehen.

ZUTATEN

100 g	Nordseekrabben
4	(Strauch-)Tomaten oder 2 große Fleischtomaten, gehäutet
50 g	Salatmix: Lollo Rosso, Frisée, Radicchio, Eisbergsalat
•	eventuell etwas Vinaigrette für den Salat (siehe Rezept Seite 52/53)

DRESSING

2 EL	Mayonnaise (siehe Rezept Seite 50)
1 EL	Joghurt
•	einige Tropfen Zitronen- oder Limonensaft
•	einige Tropfen Tabasco
1 EL	fein gehackter Koriander
1 EL	Schnittlauchröllchen
•	Pfeffer & Salz

Die Zutaten für das Dressing in einer Schüssel anrühren und mit Pfeffer und Salz abschmecken.

Die Krabben unter das Dressing rühren und das Ganze mindestens eine halbe Stunde ziehen lassen.

Von den Tomaten einen Deckel abschneiden, dann die Tomaten aushöhlen und mit der Krabbenmischung füllen.

Den gemischten Salat auf den Tellern anrichten und darauf die gefüllte Tomate setzen.

Falls gewünscht, kann zu dem Salat noch etwas extra Vinaigrette serviert werden.

GEFÜLLTES ROASTBEEF

Siehe Foto vor Seite 81

(für 4 Personen)

ZUTATEN

8 Scheiben Roastbeef
- Pfeffer & Salz

FÜLLUNG

2 EL Mayonnaise (siehe Rezept Seite 50)
4 EL Hüttenkäse
1 Frühlingszwiebel, in Ringe geschnitten
2 EL Dill, fein gehackt
1/2 Kopf Eisbergsalat, in sehr feine Streifen geschnitten
4 Radieschen, in dünne Streifen geschnitten

GARNIERUNG

4 Salatblätter, z. B. Lollo Rosso
2 Tomaten, halbiert und entkernt
4 Radieschen
4 Dillzweige

Mayonnaise, Hüttenkäse, Frühlingszwiebel und den Dill in einer Schüssel verrühren.

Mit der Hälfte dieser Mayonnaise-Käsemasse die Tomatenhälften füllen. Die andere Hälfte unter den fein geschnittenen und mit den Radieschen vermischten Eisbergsalat rühren.

Die Roastbeefscheiben auf ein Brett legen und mit Pfeffer und Salz bestreuen. Den Salat auf die Roastbeefscheiben verteilen, aufrollen und evtl. mit einem **Holzspießchen** zustecken.
    Die Salatblätter auf den Tellern verteilen, die Roastbeefröllchen und die gefüllten Tomatenhälften darauf anrichten und mit Radieschen und Dill garnieren.

Dieses Rezept können Sie beliebig variieren, z. B. mit rohem oder gekochtem Schinken, Salami, Rauchfleisch oder sehr dünnen Scheiben gekochtem Huhn. Oder umgekehrt: Erst die Blätter Eisbergsalat mit der Mayonnaise bestreichen und darin das Roastbeef einwickeln und mit einem Holzspießchen zustecken.

SCHINKENRÖLLCHEN

(für 2 Personen)

Damit die Schinkenröllchen in Scheiben geschnitten werden können, müssen sie mindestens 3 Stunden im Kühlschrank stehen, um fest zu werden. Sie können die Röllchen auch einfrieren und in gefrorenem Zustand in Scheiben schneiden. Aber achten Sie darauf, dass sie beim Servieren Zimmertemperatur erreicht haben.

ZUTATEN

2	Scheiben magerer gekochter Schinken
100 g	Frischkäse (Doppelrahmstufe)
1/2 TL	Zitronensaft
1 EL	Petersilie, fein gehackt
1 EL	Dill oder Kerbel, fein gehackt
•	Pfeffer & Salz
•	Feldsalat
•	Vinaigrette (siehe Rezept Seite 52 / 53)
•	Gartenkresse

Auf der Arbeitsplatte zwei große Stücke **Frischhaltefolie** ausbreiten und darauf jeweils eine Scheibe Schinken legen.

Den Frischkäse mit dem Zitronensaft in einer Schüssel glatt rühren, die fein gehackten Kräuter (Petersilie, Dill oder Kerbel) untermengen und mit Pfeffer und Salz abschmecken.

Die Schinkenscheiben mit der Käsemasse bestreichen, in der Folie zu gleichmäßigen Röllchen aufrollen und im Kühlschrank fest werden lassen. Anschließend die Folie entfernen und die Röllchen in Scheiben schneiden.

Den Feldsalat mit etwas Vinaigrette mischen, in der Mitte des Tellers anrichten und mit den Schinkenröllchen umranden.
    Mit einem Sträußchen Gartenkresse garnieren.

LACHSRÖLLCHEN

Anstatt gekochtem Schinken können Sie auch geräucherten Lachs verwenden. Füllung und Arbeitsweise bleiben unverändert.

CHAMPIGNON-CARPACCIO (V)

(für 4 Personen)

ZUTATEN

200 g	schöne weiße Champignons
1 EL	Schnittlauchröllchen
•	einige Basilikumzweige
100 g	Pecorino- oder Parmesan-Käse am Stück
1	Tomate, gehäutet und in sehr kleine Stücke geschnitten („concassé" s. S. 20 – Techniken & praktische Tipps)

DRESSING

4 EL	Olivenöl
1/2 EL	Balsamicocssig oder Limonensaft
1	Knoblauchzehe, halbiert
1/2	Peperoni
1 kleines Stück	Ingwerwurzel, zerdrückt
•	Pfeffer & Salz

Die Zutaten für das Dressing verrühren und etwas ziehen lassen.
Kurz vor Gebrauch durch ein Sieb gießen, um Knoblauch, Peperoni und Ingwerstückchen zu entfernen.

Die Champignons putzen, in sehr dünne Scheiben schneiden, auf den Tellern anrichten und mit Schnittlauch garnieren.

Mit dem **Käsehobel** kleine dünne „Späne" vom Pecorino, bzw. Parmesan abziehen und über den Champignons verteilen. Mit dem Dressing die Champignons beträufeln.

Das Carpaccio mit Tomate und den zerpflückten Basilikumblättchen garnieren.

 TIPP

In Phase II können Sie dieses Gericht auch noch mit einem Esslöffel gerösteten Pinienkernen garnieren.

GEFÜLLTE TOMATEN (V)

Die Tomatenfüllung schmeckt besser, wenn der Quark mit den Kräutern ungefähr eine Stunde ziehen konnte.
  Ohne Mayonnaise kann dieses Gericht mit einer Kohlenhydratmahlzeit kombiniert werden.

ZUTATEN

2	große Fleischtomaten
2 EL	Quark
1 EL	Mayonnaise (siehe Rezept Seite 50)
1 Messerspitze	Cayennepfeffer
1 EL	gehackte grüne Kräuter: Kerbel, Minze und/oder Schnittlauch
•	Pfeffer & Salz

GARNIERUNG

• einige Blättchen Minze

Quark, Mayonnaise und Cayennepfeffer in einer Schüssel verrühren und mit Pfeffer und Salz abschmecken. Eine Stunde ziehen lassen.

Die Tomaten über Kreuz einritzen, einige Sekunden in kochendes Wasser tauchen und die Haut abziehen.
  Dann halbieren, die Kerne entfernen, mit der Quark-Mayonnaise-Mischung füllen und mit Minzeblättchen garnieren.

WARME VORSPEISEN / SNACKS

In diesem Kapitel finden Sie einige Rezeptideen für (lau)warme Gerichte zum Frühstück oder Mittagessen bzw. Lunch. Außer ein paar Eierspeisen sind diese Gerichte zum größten Teil aus Gemüse und Fisch bzw. Fleisch zusammengesetzt und passen auch als Vorspeise in ein Menü.

ARTISCHOCKEN MIT KÄSESAUCE (V)

(für 2 Personen)

ZUTATEN

2	Artischocken
4 EL	Essig
•	Salz

SAUCE

2 EL	Roquefort oder anderer weicher Blauschimmelkäse
1 Becher (125 g)	Crème fraîche
1/2 EL	Zitronensaft
2	Frühlingszwiebeln, in Streifen geschnitten
•	Pfeffer & Salz

Mit einem scharfen Messer von der Artischocke das obere Drittel und den Stiel am Ansatz abschneiden.

Die Artischocken in einem Topf mit reichlich Wasser, Essig und Salz in 40 Minuten gar kochen. Sie sind gar, wenn die äußeren Blätter leicht herausgezogen werden können.

Den Blauschimmelkäse in einen kleinen Topf geben und auf dem Herd oder in der **Mikrowelle** schmelzen lassen. Dann Crème fraîche und Zitronensaft unterrühren, die Frühlingszwiebeln zufügen und die Sauce mit Pfeffer und Salz abschmecken.

Die Artischocke auf einem großen Teller servieren und daneben für jeden ein eigenes Schälchen mit Sauce stellen.

ARTISCHOCKEN MIT SÄUERLICHER SPECKSAUCE

(für 2 Personen)

ZUTATEN

2	Artischocken
4 EL	Essig
•	Salz

SAUCE

1 Scheibe	Bauchspeck ohne Schwarte, sehr fein gewürfelt
1 EL	Olivenöl
1	Knoblauchzehe, in Scheiben geschnitten
1	Zwiebel, in dünne Längsstreifen geschnitten
1 EL	Zitronensaft
100 ml	Weißwein
2 EL	Crème fraîche
•	Pfeffer & Salz

Mit einem scharfen Messer von der Artischocke das obere Drittel und den Stiel am Ansatz abschneiden.

Die Artischocken in einem Topf mit reichlich Wasser, Essig und Salz in 40 Minuten gar kochen. Sie sind gar, wenn die äußeren Blätter leicht herausgezogen werden können.

Die Speckwürfel in einer Pfanne bei mäßiger Hitze knusprig ausbacken, aus der Pfanne nehmen und beiseite stellen – sie müssen knusprig bleiben. Das Speckfett abgießen.

Das Olivenöl in der Pfanne erhitzen, Knoblauch und Zwiebeln glasig anschwitzen, Wein und Essig unterrühren und die Sauce einkochen lassen. Die Crème fraîche zufügen und mit Pfeffer und Salz abschmecken. Ganz zum Schluss die knusprig ausgebackenen Speckwürfel unter die Sauce mengen.

Die Artischocke auf einem großen Teller servieren und daneben für jeden ein eigenes Schälchen mit Sauce stellen.

 TIPP

In Phase II kann man die Sauce noch mit einem Teelöffel grobem Senf verfeinern.

AUBERGINE MIT SPIEGELEI (V)

(für 2 Personen)

ZUTATEN

1	große oder 2 kleine Auberginen
3 EL	Olivenöl
•	Öl zum Einfetten der Form
2	Schalotten oder 1 Zwiebel, fein gehackt
1	Knoblauchzehe, fein gehackt
2	große Tomaten, in Stücke geschnitten
1 EL	Oregano, fein gehackt
3 EL	Petersilie, fein gehackt
•	Pfeffer & Salz
2–4	Eier

GARNIERUNG

1 EL	Petersilie, fein gehackt

BEILAGE

• einige Stangen Staudensellerie, abgezogen
  und in sehr dünne Längsstreifen geschnitten

Die Auberginen längs halbieren und die Schnittflächen mit einem scharfen Messer über Kreuz einschneiden. Das Öl in einer Pfanne erhitzen, die Auberginen mit der Schnittfläche in die Pfanne legen und bei mäßiger Hitze ca. 10 Minuten anbraten.

Nachdem die Auberginen etwas abgekühlt sind, wird das Fruchtfleisch mit einem Löffel ausgehöhlt und fein gehackt.

Eine **feuerfeste Form** einfetten. Den Ofen auf 200 °C vorheizen.

Für die Füllung nochmals Öl in der Pfanne erhitzen und darin Schalotten bzw. Zwiebel, Knoblauch, Tomaten und das fein gehackte Fruchtfleisch goldgelb anbraten, mit Pfeffer und Salz sowie einem Teil Oregano und Petersilie abschmecken.

Die Auberginenhälften füllen, in der Mitte für das Ei eine Vertiefung eindrücken und in die feuerfeste Form setzen. Das Ei aufschlagen und in die Vertiefung gleiten lassen.

bitte umblättern ☞

Die Form in den Ofen schieben, Garzeit ca. 15 Minuten; das Eigelb ist dann gerade noch etwas weich.

Vor dem Servieren mit der fein gehackten Petersilie bestreuen.

Als Beilage passt hier in Streifen geschnittener Staudensellerie.

ZUCCHINI MIT SPIEGELEI

Anstatt Auberginen können Sie auch Zucchini verwenden. Zutaten und Arbeitsweise bleiben unverändert.

EIERKUCHEN MIT COCKTAILTOMATEN (V)
(für 2 Personen)

ZUTATEN

2–3	Eier
125 g	Quark, Magerstufe
1 EL	Vollkornmehl (Phase II)
1	Frühlingszwiebel, in Ringe geschnitten
2 EL	grüne Kräuter, fein gehackt (Petersilie, Basilikum, Schnittlauch)
•	Pfeffer & Salz
ca. 12	Cocktailtomaten
1 EL	Olivenöl

Eier und Quark zu einem glatten Teig rühren. Frühlingszwiebel und grüne Kräuter zufügen und mit Pfeffer und Salz abschmecken. Den Teig ca. 10 Minuten ruhen lassen.

Den Ofen auf 180 °C vorheizen.

2 kleine **Auflaufformen** einfetten, die Tomaten darin anordnen und mit etwas Öl beträufeln. Den Teig über die Tomaten gießen und das Ganze im Ofen ca. 25 Minuten goldbraun backen.

TIPP

In Phase II können Sie den Teig auch noch mit 1 EL Vollkornmehl binden.

EINFACHER EIERSALAT (V)

(für 4 Personen)

ZUTATEN

4–8 gekochte Eier, nicht ganz hart gekocht

SAUCE

100 ml Weißwein
2 Eigelbe
100 g Sahnequark, abgetropft
1/2 Bund Kerbel, fein gehackt
1/2 Bund Petersilie, fein gehackt
• Pfeffer & Salz

GARNIERUNG

• (Eisberg-)Salat, in Streifen geschnitten
1 Tomate, gehäutet, entkernt
und in Streifen geschnitten
• Vinaigrette (siehe Rezept Seite 52/53)

In einem kleinen Topf den Wein erhitzen und auf ca. 3 Esslöffel einkochen lassen.

In einen größeren Topf mit kochendem Wasser eine kleine **Stielkasserolle** hängen, die Eigelbe hineingeben und diese im Wasserbad mit dem Schneebesen kräftig rühren. Den eingekochten Wein dazugeben und schlagen, bis eine homogene Masse entsteht.

Nach und nach den Quark und die Kräuter unterrühren und mit Pfeffer und Salz abschmecken.

Servieren Sie diese Sauce lauwarm zu den gekochten Eiern und als Beilage den Salat mit Tomaten und Vinaigrette.

EXOTISCHE EIER (V)

(für 4 Personen)

ZUTATEN

4	hart gekochte Eier
1/2 TL	Korianderkörner
1/2 TL	Kümmel ganz
1 Messerspitze	Zimt
•	Salz
2 EL	Öl

BEILAGE

- gemischter Salat
- Vinaigrette (siehe Rezept Seite 52/53)

Kümmel und Koriander im **Mörser** grob zerstoßen und mit Zimt und Salz mischen.

Das Öl in der Pfanne erhitzen und die hart gekochten Eier rundherum goldbraun backen. Reichlich mit der Kräutermischung aus dem **Mörser** bestreuen und zusammen mit gemischtem Salat und Vinaigrette servieren.

GEFÜLLTE BRAUNE CHAMPIGNONS

(für 4 Personen)

ZUTATEN

16	große, braune Champignons, geputzt und ohne Stiel
2 Scheiben	gekochter Schinken, sehr fein geschnitten
150 g	Frischkäse (Doppelrahmstufe)
1 EL	Magermilch
1	Knoblauchzehe, fein gehackt
2 EL	grüne Kräuter, fein gehackt (Basilikum, Petersilie, Schnittlauch)
•	Öl zum Einfetten der Form

GARNIERUNG

4	schöne Salatblätter
4	Tomatenscheiben
4	Basilikumblätter

Den Ofen auf 180 °C vorheizen.

Den Käse mit der Milch glatt rühren, Knoblauch, grüne Kräuter und Schinken zufügen, umrühren und die Champignons damit füllen.

Eine **feuerfeste Form** mit Öl einfetten, die Champignons hineinsetzen und im Ofen 15 Minuten überbacken.

Die Salatblätter auf die Teller verteilen, darauf je 4 Champignons anrichten und mit der Tomatenscheibe und dem Basilikumblatt garnieren.

 TIPP

In Phase II können Sie als Garnierung auch noch einen Esslöffel Mandelsplitter oder Pinienkerne über die Champignons streuen, bevor Sie sie in den Ofen schieben.

GEFÜLLTE PAPRIKA MIT QUARK (V)

(für 2 Personen)

Dieses Gericht enthält kein Fett und kann mit kohlenhydrathaltigen Gerichten kombiniert werden.

ZUTATEN

2   rote Paprikaschoten
2   (Strauch-)Tomaten, in Stücke geschnitten
1   Knoblauchzehe, in Scheiben geschnitten
•   Pfeffer & Salz
4 EL   Kräuterquark, Magerstufe

Den Ofen auf 140 °C vorheizen.

Die gewaschenen Paprikaschoten inklusive den Stielen vorsichtig halbieren, die Kerne und die weißen Trennwände – aber nicht den Stiel – entfernen.

Die Paprikahälften in eine **feuerfeste Form** legen, mit Tomatenstückchen und einigen Scheibchen Knoblauch füllen.

Garzeit im Ofen ca. 30 Minuten. 10 Minuten, bevor die Garzeit zu Ende ist, die Paprikahälften mit Pfeffer und Salz würzen und je einen Löffel Kräuterquark darüber geben.

Bitte darauf achten, dass der Quark nicht verbrennt!

GEFÜLLTE PAPRIKA MIT SARDELLENFILETS

(für 2 Personen)

ZUTATEN

2	rote Paprikaschoten
2	Tomaten, in Stücke geschnitten
1	Knoblauchzehe, fein gehackt
8	Sardellenfilets, in kleine Stücke geschnitten
2 EL	Kapern
4 EL	Olivenöl
•	Pfeffer & Salz

Den Ofen auf 140 °C vorheizen.

Die Paprika vorsichtig halbieren, ohne den Stiel zu beschädigen, die Kerne und die weißen Trennwände – aber nicht den Stiel – entfernen.

2 kleine **feuerfeste Form**en mit etwas Öl einfetten, jeweils 2 Paprikahälften hineinlegen und mit den Tomatenstückchen füllen.

Knoblauch, Sardellenfilets und Kapern mit dem Olivenöl verrühren und ebenfalls in die Paprikahälften füllen.

Im Ofen in ca. 50 Minuten gar werden lassen.

HERZHAFTE EIERTÖRTCHEN AUS DEM OFEN

Siehe Foto rechts

(für 2 Personen)

ZUTATEN

2 Eier
1 EL saure Sahne
1 EL Parmesan-Käse
• Pfeffer
• Öl oder Butter zum Einfetten der Förmchen

GARNIERUNG

2 Scheiben Parmaschinken oder geräucherter Lachs
2 EL Crème fraîche
• Pfeffer & Salz
• Limonen- oder Zitronensaft
• einige Basilikumblätter

BEILAGE

• Eisbergsalat
2 Tomaten, in Scheiben geschnitten

Den Ofen auf 180 °C vorheizen.

2 **Torten-** oder **Souffléförmchen** einfetten und in den Kühlschrank stellen, damit sich das Eiertörtchen nachher besser aus der Form lösen lässt.

Eier und saure Sahne in einer Schüssel verquirlen, mit Parmesan-Käse und etwas Pfeffer abschmecken. Die Förmchen mit der Eiermasse füllen und ca. 10 Minuten im Ofen backen. Etwas abkühlen lassen und auf einen Teller stürzen.

Die Crème fraîche mit etwas Limonensaft, Pfeffer und Salz abschmecken.

Die Törtchen mit einer Scheibe Parmaschinken oder geräuchertem Lachs, einem Löffel Crème fraîche und den Basilikumblättern garnieren.
Dazu den in Streifen geschnittenen Eisbergsalat und die Tomatenscheiben servieren.

HERZHAFTE EIERTÖRTCHEN AUS DEM OFEN – Rezept auf Seite 96

FISCHRÖLLCHEN MIT CHINESISCHER SAUCE – Rezept auf Seite 115

KNOBLAUCH-ZUCCHINI MIT TOMATENSAUCE (V)

(für 2 Personen)

ZUTATEN

2	kleine Zucchini
4	Knoblauchzehen, in dünne Scheiben geschnitten
4	große Tomaten, gehäutet, entkernt und in Stücke geschnitten
1	rote Peperoni, entkernt und in Stückchen geschnitten
5 EL	Olivenöl sowie Öl zum Einfetten der Form
•	einige Thymianzweige
•	Pfeffer & Salz

Den Ofen auf 180 °C vorheizen.

Die Zucchini mit dem Messer an einigen Stellen einkerben und jeweils eine Scheibe Knoblauch hineinstecken.

Den Boden der **feuerfesten Form** mit Öl einfetten und darauf die Tomaten, Peperoni und die Hälfte des Thymians verteilen.

Nun die Zucchini in die Form legen, mit dem restlichen Öl beträufeln und im Ofen in 25-30 Minuten gar werden lassen.

Die gebackenen Zucchini auf vorgewärmte Teller legen und warm halten.

Nachdem der Thymian entfernt wurde, die Sauce pürieren, mit Pfeffer und Salz sowie dem Rest des Thymians abschmecken und zu den Zucchini servieren.

MOZZARELLA MIT GETROCKNETEN TOMATEN

(pro Person)

ZUTATEN

1	Mozzarella, halbiert
10 g	getrocknete Tomaten
3	Basilikumblätter
1 Scheibe	Frühstücksspeck (z. B. dänischer Frühstücksspeck)
1/2 EL	Olivenöl

BEILAGE

8	Zucchinischeiben
1 EL	Kräuteröl (siehe Rezept Seite 49)

Den **Grill** vorheizen.

Tomaten und Basilikum sehr fein hacken, mit dem Öl verrühren und damit die Schnittflächen des Mozzarella bestreichen. Die Mozzarellahälften wieder fest zusammendrücken und mit dem Frühstücksspeck umwickeln, gegebenenfalls mit einem **Holzspießchen** befestigen.

Die Mozzarellaroulade in eine **feuerfeste Form** legen und unter dem Grill 3 – 4 Minuten goldbraun werden lassen.

Zucchinischeiben mit Kräuteröl einreiben, unter den Grill legen, ca. 2 Minuten von jeder Seite bräunen lassen und Mozzarella dazu servieren.

98

MOZZARELLA MIT PESTO (V)

(pro Person)

ZUTATEN

1	Mozzarella, halbiert
2	Tomatenscheiben
1 EL	Pesto (siehe Rezept Seite 51)
1 Scheibe	Aubergine oder Zucchini, der Länge nach geschnitten
1 EL	Olivenöl
•	Pfeffer & Salz

BEILAGE

• gemischter Salat und Vinaigrette
(siehe Rezept Seite 52/53)

Den **Grill** vorheizen.

Auberginen- bzw. Zucchinischeibe mit Öl einreiben, kurz unter dem Grill anbraten (ca. 2 Minuten von beiden Seiten).

Den Mozzarella in drei dicke Scheiben schneiden, die Schnittflächen mit Pesto bestreichen, die Tomaten dazwischenlegen und den Käse wieder fest zusammendrücken.

Den Käse mit der Aubergine umwickeln und mit einem **Holzspießchen** feststecken.

Die Mozzarellaroulade in eine **feuerfeste Form** legen, 3-4 Minuten unter dem Grill goldbraun werden lassen und zusammen mit gemischtem Salat und Vinaigrette servieren.

SPARGEL MIT ZWEI SAUCEN

(für 4 Personen)

Die Saucen müssen mindestens 1 Stunde im Kühlschrank ziehen, deshalb empfehle ich, zuerst mit den Saucen anzufangen.

Dieses Rezept beschreibt, wie man Spargel, auf Spargelschalen gebettet, gar dämpfen kann, was ungefähr 20 Minuten dauert. Der Vorteil dieser Methode ist, dass man die Spargel nach der Garzeit auf den warmen Schalen noch warm halten kann, ohne dass sie weitergaren und zu weich werden.

ZUTATEN

1 kg	weißer Spargel
1/2 – 1 l	Bouillon

SAUCE 1

4 EL	Mayonnaise (siehe Rezept Seite 50)
2 EL	Joghurt oder Quark
2	hart gekochte Eier
2	Frühlingszwiebeln, in Ringe geschnitten
2 EL	grüne Kräuter, fein gehackt
•	(Petersilie, Basilikum oder Koriander)
•	Pfeffer & Salz

SAUCE 2

4	Sardellenfilets
1 EL	Kapern
1	Knoblauchzehe
1 EL	Oregano, fein gehackt
4 EL	Olivenöl
•	Pfeffer

Fortsetzung ☛

Zuerst die Saucen:

SAUCE 1

In einer Schüssel die Eier mit einer Gabel fein zerdrücken und mit Mayonnaise und Joghurt zu einer glatten Sauce verrühren. Frühlingszwiebeln und Kräuter unterrühren und mit Pfeffer und Salz abschmecken.

Mindestens 1 Stunde im Kühlschrank ziehen lassen.

SAUCE 2

Die Sardellenfilets in sehr kleine Stücke schneiden.

In einer Schüssel Sardellenfilets, Knoblauch, Kapern und Oregano mit dem Olivenöl verrühren.

Auch diese Sauce mindestens 1 Stunde im Kühlschrank ziehen lassen.

DER SPARGEL

Den Spargel großzügig schälen und den unteren Teil abschneiden.

Die Schalen waschen, auf den Boden des Topfes legen, darauf die abgeschnittenen Stücke legen, so dass gewissermaßen ein Bett für den Spargel entsteht.

Den Spargel auf das „Bett" legen und gerade so viel Bouillon oder Wasser zugießen, dass die Schalen nicht ganz (oder gerade) bedeckt sind, d.h. der Spargel soll nicht im Wasser liegen.

Nun die Flüssigkeit zum Kochen bringen, den Spargel in 20 Minuten gar dämpfen und (lau)warm mit den beiden Saucen servieren.

Das Spargelwasser und die abgeschnittenen Stücke können eventuell für die Spargelsuppe (siehe Rezept Seite 112) verwendet werden.

SPARGEL-PENNE

(für 4 Personen)

ZUTATEN

500 g weißer Spargel
500 g grüner Spargel

SAUCE

1 EL Olivenöl
2 Frühlingszwiebeln, in feine Ringe geschnitten
50 g gekochter Schinken, in dünne Scheiben geschnitten
4 EL Schlagsahne, auf Zimmertemperatur
3 EL Petersilie und/oder Koriander, fein gehackt
2 EL geriebener Pecorino- oder Parmesan-Käse
• Pfeffer & Salz

Den weißen Spargel schälen, das untere Ende abschneiden und (schräg) in 3 Stücke schneiden, wodurch diese vom Format her wie italienische „Penne"-Nudeln aussehen. Die Köpfe zurückbehalten.

Vom grünen Spargel das untere Ende abschneiden (frischer grüner Spargel braucht nicht geschält zu werden) und wie den weißen Spargel (schräg) in drei Stücke schneiden.

Die Spargelstücke in einem Topf mit reichlich Wasser ca. 6 Minuten bissfest kochen, in den letzten 2 Minuten die Spargelköpfe dazugeben. Über einem Sieb abgießen und abtropfen lassen.

Das Öl in einer Pfanne erhitzen und darin bei mäßiger Hitze die Frühlingszwiebeln anschwitzen. Schinken, Sahne und 2 EL der Petersilie oder Koriander zufügen. Die Sauce kurz aufkochen lassen, mit Pfeffer und Salz abschmecken. Den Spargel unterrühren, zum Schluss den Käse zufügen und nochmals umrühren. Die Pfanne mit einem Deckel abdecken, vom Feuer nehmen und zugedeckt kurz stehen lassen, damit der Käse schmelzen kann.

Die Spargel-Penne auf vorgewärmten Tellern anrichten und mit der restlichen Petersilie bzw. Koriander bestreuen.

TIPP

Dieses Gericht kann auch in einer großen **Auflaufform** zubereitet werden und ist ideal, wenn man viele Gäste beköstigen will, da alles schon ofenfertig vorbereitet werden kann.

Fortsetzung ☛

In diesem Fall wird der Käse vorher nicht untergerührt, sondern über die „Spargel-Penne" gestreut, bevor die Auflaufform in den Ofen geschoben wird. Im Backofen bei 175 °C entsteht so eine schöne, goldbraune Kruste.

Die Garzeit richtet sich nach der Menge und Anfangstemperatur.

SPINATBÄLLCHEN MIT FETA-KÄSE (V)

(für 2 Personen)

ZUTATEN

500 g	Spinat, gründlich gewaschen
5 EL	Olivenöl
1	Knoblauchzehe, fein gehackt
2	Schalotten, fein gehackt
100 g	Feta-Käse, zerkrümelt
50 g	Butter
2 EL	Sesamsaat, geröstet
•	Pfeffer & Salz

BEILAGE

2	große oder 4 kleine Strauchtomaten, in Scheiben geschnitten
1 EL	Schnittlauchröllchen
•	einige Kerbelzweige

Den Ofen auf 160 °C vorheizen.

1 EL Öl in der Pfanne oder im Wok erhitzen und darin Knoblauch und Schalotten anschwitzen. Den Spinat unterrühren, zusammenfallen lassen und gar dünsten. Zum Abtropfen in ein Sieb geben und möglichst viel von der Flüssigkeit auspressen. Aus der Spinatmasse ca. 10 Bällchen formen und flachdrücken.

Die Fetakrümel werden auch zu 10 Bällchen geformt. Nun die Spinatscheiben um die Fetabällchen wickeln, bis sie ganz von Spinat umschlossen sind.

bitte umblättern ☛

Eine **feuerfeste Form** mit reichlich Öl einfetten, die Spinatbällchen hineinlegen, Butterflöckchen darauf verteilen und das Ganze mit geröstetem Sesam bestreuen.

Im Ofen ca. 10 Minuten erhitzen.

Die Tomatenscheiben auf dem Teller anrichten, mit Schnittlauch und einigen Kerbelblättern garnieren. Die Spinatbällchen zu den Tomaten legen und mit dem Sesambuttersud übergießen.

SCHNELLE VARIANTE

Dieses Rezept ist zwar besonders dekorativ, aber doch recht arbeitsintensiv. Deshalb hier eine schnellere Zubereitungsart für ein gleichfalls leckeres Rezept:

Den Spinat, nachdem die Flüssigkeit durch das Sieb gepresst wurde, wieder in die Pfanne geben, die Fetakrümel unterrühren und auf den Tomaten anrichten. Mit etwas flüssiger Butter beträufeln und Sesam darüber streuen.

SUPPEN

Die meisten Suppen – auf der Basis von Bouillon und frischem Gemüse – passen ausgezeichnet in die Montignac-Methode. Zum Binden von Suppen wird kein weißes Mehl verwendet. Wegen ihres hohen glykämischen Indexes gehören Kartoffeln, Mais oder Karotten ebenfalls nicht in den Montignac-Speiseplan, auch nicht zum Binden von Suppen!

Aber die zahlreichen Alternativen lassen uns diese kleine Einschränkung schnell vergessen. Mit Stabmixer oder Küchenmaschine kann man aus Gemüse, das in Bouillon gedämpft wurde, ganz einfach ein Gemüsepüree herstellen. Pürierte Zwiebeln, Porree, Fenchel, Zucchini oder (Stauden-)Sellerie verleihen einer Suppe die cremige Konsistenz, die sie so lecker macht.

Achten Sie aber beim Kauf von Fertigbouillon und -fond auf die Zusammensetzung. Nudeln, Gewürzmischungen, Fertiggerichte und auch Fertigbouillon enthalten Zusätze wie Bindemittel oder sogar Zucker, die man in Phase I ja gerade meiden sollte. Im Reformhaus, Bioladen und sogar in vielen größeren Supermärkten kann man auch schmackhafte Bouillonwürfel oder -granulate auf Gemüsebasis und ohne Fett kaufen. Ideal zum Würzen einer Kohlenhydratmahlzeit.

BOUILLON OHNE FETT

Fettfreie Bouillon wird bei der Zubereitung von Kohlenhydratgerichten häufig verwendet und ist außerdem ein wichtiger Geschmacksverstärker.

So bereiten Sie sie zu:
Die selbstgemachte Hühnerbouillon Seite 106 (oder eventuell magere Rindfleischbouillon) erkalten lassen. Das in der Bouillon vorhandene Fett setzt sich an der Oberfläche ab und kann mühelos entfernt werden.

Mit fettfreier Bouillon kann man Gemüse, Reis oder Nudeln kochen oder Saucen geschmacklich verfeinern.

Wenn Sie Gemüse in wenig Wasser mit etwas Pfeffer und Salz garen, ergibt das natürlich auch eine fettfreie Gemüsebouillon.

HÜHNERBOUILLON MIT FRÜHLINGSZWIEBELN

Für das Ziehen der Bouillon müssen Sie mindestens 2 Stunden oder länger rechnen. Einen Teil der Bouillon können Sie für späteren Gebrauch einfrieren. Die Einlage für die hier beschriebene Suppe ist für ca. 1 Liter Bouillon (4–6 Personen) berechnet.

ZUTATEN

1	Suppenhuhn
1	Bouquet garni:
	Thymianzweig, Lorbeer, Pfefferkörner
1/2	Porreestange
2	Selleriestangen
3 l	Wasser
2 TL	Salz

EINLAGE

5	Frühlingszwiebeln, die Zwiebeln in Streifen
	und das Grün in feine Ringe geschnitten
1 EL	Olivenöl

Die Zutaten für die Bouillon in einen großen Topf geben, zum Kochen bringen und, wenn nötig, abschäumen. Mindestens 2 Stunden köcheln lassen und danach durch ein Sieb abgießen.

In einem anderen Topf das Öl erhitzen und darin die Frühlingszwiebeln kurz anschwitzen. Die Bouillon zugießen, mit Pfeffer und Salz abschmecken und mit den grünen Ringen der Frühlingszwiebeln garnieren.

Nachdem das Hühnerfleisch etwas abgekühlt ist, streifig auseinander zupfen, auf die Suppenteller legen, die Bouillon darüber gießen und servieren.

 TIPP

Die Bouillon lässt sich auch mit Rindfleisch oder nur mit Gemüse zubereiten.

KOHLRABISUPPE

(für 4 Personen)

2 Kohlrabiknollen, geschält und in Stücke geschnitten
2 EL Olivenöl
1 Knoblauchzehe, fein gehackt
1 Peperoni, entkernt
1 Porreestange, in Stücke geschnitten
1/4 l Hühnerbouillon (Würfel, Paste oder Glas)
• Pfeffer & Salz

EINLAGE/GARNIERUNG

1 EL Olivenöl
100 g Shiitake- oder andere Pilze, in Streifen geschnitten
1 Frühlingszwiebel, in Streifen geschnitten
4 EL Crème fraîche
• einige Minzeblättchen

In einem hohen Suppentopf das Öl erhitzen, Knoblauch, Peperoni und Porree andünsten, den Kohlrabi dazugeben und kurz anbraten.

Die Bouillon zugießen und zum Kochen bringen. Das Gemüse bei mäßiger Hitze zugedeckt ca. 20 Minuten gar kochen.

In einer Pfanne 1 EL Öl erhitzen, Pilze und Frühlingszwiebel andünsten.

Aus der Bouillon erst die Peperoni entfernen. Den Rest mit dem **Stabmixer** oder in der **Küchenmaschine** pürieren und die damit gebundene Suppe mit Pfeffer und Salz abschmecken.

Die Pilze auf den vorgewärmten Teller legen, die Suppe darüber gießen, evtl. einen Esslöffel Crème fraîche in die Mitte setzen.

Mit einem Minzeblättchen garnieren und servieren.

VARIANTE

Als Basis für diese Suppe kann man praktisch alle Gemüsesorten verwenden: Porree, Fenchel, Gurke, Zucchini usw. und die Einlage bzw. Garnierung nach Belieben abwandeln. Schon wegen der Abwechslung im täglichen Speiseplan lohnt es sich, hier ein wenig zu experimentieren!

LINSENSUPPE

(für 4 Personen)

Diese Suppe wird ohne Fett zubereitet und ist als Kohlenhydratmahlzeit geeignet.

Gerichte mit Linsen und anderen Hülsenfrüchten (z. B. weißen, braunen und Flageoletbohnen) lassen sich sehr gut portionsweise einfrieren.

ZUTATEN

250 g	Linsen
1 Bund	Staudensellerie, abgezogen und in dünne Scheiben geschnitten
1 l	Bouillon, ohne Fett
2	große Zwiebeln, in Ringe geschnitten
1	Porreestange, in Streifen geschnitten
1	Bouquet garni: Thymian, Rosmarin, Peperoni, Lorbeer
•	Pfeffer & Salz
einige EL	Sellerieblätter, fein gehackt
1 EL	Thymian, fein gehackt
2 EL	Petersilie

GARNIERUNG

- einige Zitronenscheiben
- Magerquark, nach Bedarf
- 100 % Vollkornbrot

In einem Topf mit reichlich Wasser die Linsen in ca. 30 Minuten gar kochen, über ein Sieb abgießen, abtropfen lassen und wieder in den Topf geben.

Mit der Bouillon zum Kochen bringen, Zwiebeln, Porree, Bouquet garni, den größten Teil des Sellerie zufügen und nach Bedarf mit Pfeffer und Salz abschmecken.

Die Suppe ca. 15 Minuten bei schwacher Hitze köcheln lassen.

Jetzt das Bouquet garni herausnehmen, den Rest Staudensellerie, fein gehackte Sellerieblätter, Thymian und Petersilie dazugeben und kurz aufkochen.

Fortsetzung ☛

In vorgewärmte Teller gießen, mit einer Zitronenscheibe und einem Tupfer luftig gerührtem Magerquark garnieren und getoastetes 100%iges Vollkornbrot dazu servieren.

SUPPE MIT BRAUNEN, WEISSEN ODER FLAGEOLETBOHNEN

Dieses Eintopfgericht kann man natürlich auch mit anderen Hülsenfrüchten zubereiten und zur Abwechslung auch mal Tomaten und/oder Paprikaschoten zufügen.

SAUERKRAUTSUPPE MIT MUSCHELN

(für 4 Personen)

ZUTATEN

1 kg	Muscheln in der Schale, gründlich gewaschen (bereits offene Muscheln bitte entfernen)
3 EL	Olivenöl
2 EL	Öl
5	Schalotten, in Scheiben geschnitten
1	Knoblauchzehe, fein gehackt
2	Selleriestangen, abgezogen und in dünne Scheiben geschnitten
250 g	Sauerkraut, grob gehackt
1 l	Hühnerbouillon (siehe Rezept Seite 106)
3 EL	Estragon, fein gehackt
2 Becher (insg. 250 g)	Crème fraîche
•	Salz & ein Hauch Cayennepfeffer

GARNIERUNG

- einige Löffel Schlagsahne, geschlagen
- einige Estragonblätter

In einem großen Topf das Olivenöl erhitzen, die Muscheln zufügen, umrühren und zugedeckt bei mäßiger Hitze ca. 3 Minuten garen.

Die Muscheln in ein Sieb geben, den Muschelsaft beiseite stellen und, nachdem die Muscheln etwas abgekühlt sind, die Schalen entfernen.

In einem Suppentopf Öl erhitzen, Schalotten, Knoblauch, Sellerie und die Hälfte des Sauerkrauts dazugeben und bei mäßiger Hitze 5 Minuten dünsten.
    Nun die Bouillon und den Muschelsaft zufügen und das Ganze bei mäßiger Hitze 30 Minuten köcheln lassen.

Die Suppe mit dem **Stabmixer** oder in der **Küchenmaschine** pürieren, die Crème fraîche gut unterrühren, mit Salz und einem Hauch Cayennepfeffer abschmecken. Zum Schluss die Muscheln, das restliche Sauerkraut und den fein gehackten Estragon unterrühren und nochmals kurz aufkochen lassen.
    Die Suppe in vorgewärmte Teller gießen und mit einem Sahnetupfer und einigen Estragonblättern garnieren.

SELLERIECREMESUPPE (V)

(für 4 Personen)

ZUTATEN

1 EL	Olivenöl
1	Sellerieknolle, geschält und grob geraspelt
2 EL	Zitronensaft oder Estragonessig
1	Porreestange, in Ringe geschnitten
1 l	Wasser
100 g	saure Sahne oder Crème fraîche (auf Zimmertemperatur)
2 EL	Sellerieblätter oder Petersilie
•	Pfeffer & Salz

In einem Topf das Öl erhitzen, den Porree anbraten, dann den Sellerie zugeben und alles bei mäßiger Hitze dünsten. Wasser, Zitronensaft oder Essig zufügen und in ca. 20 Minuten gar werden lassen.

Die Suppe mit dem **Stabmixer** oder in der **Küchenmaschine** pürieren, mit Pfeffer und Salz abschmecken und zum Schluss saure Sahne bzw. Crème fraîche unterheben – danach nicht mehr kochen!

Kurz vor dem Servieren mit fein gehackten Sellerieblättern bzw. Petersilie bestreuen.

SPARGELSUPPE

(für 4 Personen)

ZUTATEN

1 kg Spargel, geschält und in Stücke geschnitten
1 l Bouillon (siehe Rezept Seite 105)
1 EL Olivenöl
50 g magerer Frühstücksspeck,
in sehr dünne Streifen geschnitten
4 Stangen (grüner) Spargel,
schräg in sehr dünne Scheiben geschnitten
4 Frühlingszwiebeln mit Grün, in Ringe geschnitten
• Pfeffer & Salz

GARNIERUNG

1 EL Petersilie, fein gehackt

Den Spargel in der Bouillon garen, bis er weich ist.

Um die Bouillon leicht zu binden, den Spargel mit dem **Stabmixer** oder in der **Küchenmaschine** pürieren.

In einem anderen Topf das Olivenöl erhitzen und darin den Frühstücksspeck knusprig anbraten. Die (grünen) Spargelscheibchen und die Zwiebelringe zugeben und kurz mitbraten. Nun die mit dem Spargelpüree gebundene Bouillon zugießen, die Suppe zum Kochen bringen und die (grünen) Spargelscheibchen bei mäßiger Hitze garen (ca. 3 Minuten), bis sie bissfest sind. Das Zwiebelgrün dazugeben und nochmals kurz aufkochen.

Die Suppe mit Pfeffer und Salz abschmecken, auf vorgewärmten Tellern servieren und mit Petersilie bestreuen.

TOMATENSUPPE (V)

(für 4 Personen)

Diese Suppe können Sie warm oder kalt servieren. Wenn Sie sie kalt servieren wollen, beachten Sie, dass die Suppe dann sicher 3 Stunden im Kühlschrank stehen muss, um durch und durch zu erkalten.

ZUTATEN

1 EL	Olivenöl
1	Knoblauchzehe
1	Porreestange, in Stücke geschnitten
1	Stange Sellerie, in Stücke geschnitten
1 kg	Tomaten, geviertelt
•	Pfeffer & Salz

GARNIERUNG

2	Tomaten, gehäutet, entkernt und in kleine Würfel geschnitten
100 g	Crème fraîche
1 Bund	Basilikum, fein gehackt

In einem Topf das Öl erhitzen, den Knoblauch, Porree und Sellerie kurz anschwitzen, die Tomaten zufügen und bei mäßiger Hitze weich garen.

Die Suppe mit dem **Stabmixer** oder in der **Küchenmaschine** pürieren und anschließend durch ein Sieb streichen. Eventuell noch etwas Wasser zufügen und mit Pfeffer und Salz abschmecken.

KALT SERVIEREN:

Diese Suppe ist bei heißem Sommerwetter herrlich erfrischend, wenn sie eiskalt serviert wird. In diesem Fall muss sie mindestens 3 Stunden im Kühlschrank stehen.

Kurz vor dem Servieren Crème fraîche und Basilikum unterrühren und in vorgekühlte Teller oder Portionsschalen füllen.

Die Tomatenwürfel dazu reichen.

HEISS SERVIEREN:

Kurz vor dem Servieren Crème fraîche unterrühren – danach nicht mehr kochen, in vorgewärmte Teller oder Schalen füllen und mit Tomatenwürfeln und Basilikum garnieren.

ZWIEBELSUPPE

(für 2 Personen)

Diese Suppe wird ohne Fett zubereitet und ist als Kohlenhydratmahlzeit geeignet.

ZUTATEN

500 g	Zwiebeln, grob gewürfelt
2	Porreestangen, in Stücke geschnitten
2	Knoblauchzehen
1	Peperoni, entkernt und in Stücke geschnitten
1 l	Bouillon, ohne Fett und kräftig gewürzt

EINLAGE

1	Porreestange, in feine Ringe geschnitten
2	Frühlingszwiebeln
1 Bund	Petersilie, fein gehackt
•	Pfeffer & Salz

GARNIERUNG

- 100 % Vollkornbrot, getoastet

In einem hohen Topf die Hälfte der Bouillon zum Kochen bringen und darin Zwiebeln, Porree, Knoblauch und Peperoni garen.

Die Suppe mit dem **Stabmixer** oder in der **Küchenmaschine** pürieren, den Rest der Bouillon dazugeben und wieder zum Kochen bringen.

Den Porree zufügen und bei mäßiger Hitze (ca. 2 Minuten) bissfest kochen.

Die Suppe mit Pfeffer und Salz abschmecken, mit Frühlingszwiebeln und viel Petersilie garnieren und zusammen mit dem 100 % Vollkornbrot servieren.

HAUPTGERICHTE
FISCH

FISCHRÖLLCHEN MIT CHINESISCHER SAUCE

Siehe Foto vor Seite 97

(für 2 Personen)

Siehe Foto vor Seite 97

ZUTATEN

- 2 dünne Fischfilets (Kabeljau)
- Salz
- Öl

FÜLLUNG/SAUCE

- ein Stückchen Ingwerwurzel, in sehr dünne Streifen geschnitten
- 1 Peperoni, entkernt, in dünne Streifen geschnitten
- 1 hart gekochtes Ei, fein gehackt
- 1 Frühlingszwiebel, in Längsstreifen geschnitten
- 4 Scampi

BEILAGE

- 2 EL Erdnuss- oder Sonnenblumenöl
- 1 Knoblauchzehe, fein gehackt
- 2 Frühlingszwiebeln, in Streifen geschnitten
- 200 g Paksoy (ersatzweise Chinakohl), in Streifen geschnitten
- 100 g Zuckerschoten, in kochendem Salzwasser blanchiert
- 1 EL Sillau (salzige Sojasauce)
- Pfeffer & Salz

Sillau ist ein fermentiertes Sojaprodukt und in Chinaläden erhältlich.

GARNIERUNG

- 2 EL grüne Teile der Frühlingszwiebel, fein gehackt
- 2 Chilischoten

bitte umblättern ☛

GARNIERUNG

Die Chilischoten waschen, (den Stiel nicht entfernen) von der Spitze her zur Hälfte über Kreuz einschneiden, die Kerne entfernen und mindestens 1 Stunde in Eiswasser legen, wodurch sich die Spitzen zu einer Art Blüte aufrollen.

FISCH

Das Fischfilet zwischen **Klarsichtfolie** legen und mit einem breiten Messer gleichmäßig flachdrücken. Die Folie wieder entfernen, Ingwer, Chilistreifen, gehacktes Ei und die Frühlingszwiebeln auf die Filets verteilen. Auf jedes Filet ein Scampi legen, das Ganze fest einrollen und mit einem **Holzspießchen** feststecken.

In einer Pfanne das Öl erhitzen und die Fischröllchen in ca. 10 Minuten rundum goldbraun braten.

BEILAGE

In einer Pfanne oder einem **Wok** das Erdnussöl erhitzen, Knoblauch und Frühlingszwiebeln anbraten, Paksoy zufügen und bei starker Hitze unter ständigem Rühren 5 Minuten „sautieren". Dann die blanchierten Zuckerschoten zugeben und alles noch einmal (kurz) erhitzen. Mit Sillau und eventuell etwas Wasser ablöschen.

Das Gemüse auf den vorgewärmten Tellern anrichten, je ein Fischröllchen dazulegen und mit den Frühlingszwiebeln und „Chiliblume" garnieren.

FISCHROULADE

(für 2 Personen)

Welche Fischsorte Sie für dieses Gericht nehmen, ist für den Geschmack nicht so wichtig. Aber farblich passt eine rosa Fischsorte besser zu den Zucchini, in die der Fisch eingewickelt wird.

ZUTATEN

2 Lachsforellenfilets à 150 g
• Zitronensaft
• Pfeffer & Salz
2 EL Pesto (siehe Rezept Seite 51)
2 kleine Zucchini
1 kleine Porreestange, in dünne Streifen geschnitten
50 ml trockener Weißwein
1 EL Crème fraîche

Die Fischfilets mit Pfeffer und Salz einreiben, mit Zitronensaft beträufeln und von einer Seite mit Pesto bestreichen.

Von den Zucchini mit dem **Kartoffelschäler** bzw. **Käsehobel** der Länge nach dünne Scheiben schneiden (2–3 pro Fischportion). Den Rest der Zucchini in Streifen schneiden.

Die Fischfilets mit den Zucchinischeiben umwickeln, die man gegebenenfalls mit einem **Holzspießchen** feststecken kann.

In einem Topf den Weißwein mit 50 ml Wasser zum Kochen bringen, Porree und Zucchini dazugeben und alles gut umrühren. Die Fischrouladen hineingeben und bei mäßiger Hitze in ca. 5 Minuten gar dünsten.

Die Fischrouladen auf vorgewärmten Tellern anrichten und das Gemüse (ohne den Fischsud) daneben legen.

Den Fischsud einkochen lassen, die Crème fraîche unter den Sud rühren und in einer Sauciere servieren.

🍴 EMPFEHLUNG

Als Beilage kann man hierzu „Gebackene Sellerieknolle" (siehe Rezept Seite 165) empfehlen.

GEBACKENE LACHSFORELLE

(für 2 Personen)

ZUTATEN

1 Lachsforelle oder 2 Lachsforellenfilets
• Olivenöl, zum Backen
• Pfeffer & Salz
• Zitronensaft
4 EL Fischfond und/oder Weißwein

Den Fisch bzw. die Fischfilets waschen, salzen, pfeffern und mit etwas Zitronensaft beträufeln.

Das Öl in der **(Fisch-)Pfanne** erhitzen und den Fisch darin goldbraun backen. Die Fischfilets nicht zu lange backen, sonst werden sie zu trocken.
  Den Fisch auf die vorgewärmten Teller legen.

Für die Sauce den Bratenansatz mit Fond und/oder Weißwein ablöschen, etwas einkochen lassen und in einer Sauciere zum Fisch servieren.

TIPP

In Phase II können Sie den Fisch noch mit einem Esslöffel gerösteten Mandelsplittern garnieren.

EMPFEHLUNG

Als Gemüse passt hierzu ausgezeichnet „Pikanter Brokkoli" (siehe Rezept Seite 174).

HEILBUTT IN EINEM BETT AUS CHAMPIGNONS

(für 4 Personen)

ZUTATEN

4	Heilbuttfilets à 150 g
1 EL	Zitronensaft
•	Pfeffer & Salz
1	kleine Zucchini, in dünne Scheiben geschnitten
350 g	(braune) Champignons, in Scheiben geschnitten
2 EL	Öl
1	kleine Stange Porree, in dünne Scheiben geschnitten
1 Becher	saure Sahne
3 EL	Dill, fein gehackt
50 g	Bacon oder Frühstücksspeck, in dünnen Scheiben

Den Ofen auf 180 °C vorheizen.

Eine **feuerfeste Form** mit Öl einfetten, den Boden mit Zucchini und der Hälfte der Champignons bedecken und mit Pfeffer und Salz bestreuen.

Die Fischfilets salzen, mit Zitronensaft beträufeln und auf die Zucchini-Champignon-Schicht legen.

In einer Pfanne das restliche Öl erhitzen, den Porree anschwitzen, die saure Sahne zufügen und mit Pfeffer, Salz und 2 EL Dill abschmecken.

Die Sauce über den Fisch geben, die restlichen Champignons darüber verteilen und mit den Speckscheiben abdecken.

Die Form in den Ofen schieben und den Fisch in ca. 25 Minuten gar werden lassen.

Kurz vor dem Servieren mit dem restlichen Dill garnieren.

HEILBUTT MIT TOMATENSAUCE

(für 2 Personen)

ZUTATEN

2 Scheiben	Heilbutt à 150 g
2	Schalotten, klein geschnitten
3 EL	trockener Weißwein
50 ml	Fischfond oder -bouillon
1 EL	Olivenöl

SAUCE

1 EL	Olivenöl
2	Knoblauchzehen, fein gehackt
500 g	(Strauch-)Tomaten, gehäutet, entkernt und in Stücke geschnitten
1	Thymianzweig
•	Pfeffer & Salz
•	abgeriebene Schale einer halben unbehandelten Zitrone

SAUCE

Das Olivenöl in der Pfanne erhitzen, Knoblauch anschwitzen, Tomaten, Thymian, Pfeffer dazugeben und unter Rühren zum Kochen bringen.

Die Tomatensauce bei mäßiger Hitze ca. 30 Minuten einkochen lassen.

FISCH

Den Ofen auf 200 °C vorheizen.

Eine kleine **feuerfeste Form** einfetten und den Boden mit den klein geschnittenen Schalotten bedecken. Den Wein und den Fischfond über die Schalotten gießen und darauf den Fisch legen.

Aluminiumfolie einfetten und, damit der Fisch nicht austrocknet, die Form mit der Alufolie abdecken. Nun die Form in die Mitte des Ofens schieben und den Fisch in ca. 10 Minuten gar werden lassen.

Den Fisch aus der Form nehmen und auf den vorgewärmten Teller legen.

Den Fischsud zu der Tomatensauce gießen, die Sauce wieder etwas einkochen lassen, mit Pfeffer und Salz sowie mit der abgeriebenen Zitronenschale abschmecken.

⅋ EMPFEHLUNG

Als Beilage passt hierzu „Luftiger Wirsingkohl" (siehe Rezept Seite 173).

KABELJAU AUS DEM OFEN

(für 4 Personen)

ZUTATEN

4	Kabeljaufilets à 150 g, mit Pfeffer und Salz bestreut
•	Öl zum Einfetten der Form
2	Porreestangen, in Ringe geschnitten
2 EL	Olivenöl
2	Zwiebeln, in Ringe geschnitten
1 EL	Curry
1 Becher (125 g)	Crème fraîche
100 g	mittelalter Gouda, gerieben

Den Ofen auf 200 °C vorheizen.

Die Fischfilets auf zurückgebliebene Gräten kontrollieren und diese notfalls mit der **Pinzette** entfernen.

Eine **feuerfeste Form** mit Öl einfetten, den Boden mit den Porreeringen bedecken und darauf die Fischfilets legen.

Das Öl in der Pfanne erhitzen, die Zwiebeln glasig anschwitzen, den Curry dazugeben und kurz anbraten (dadurch verliert der Curry etwas von seinem bitteren Geschmack). Nun die Crème fraîche unterrühren und die Sauce über die Fischfilets geben.

Den Fisch mit dem Käse bestreuen, in den Ofen schieben und in ca. 30 Minuten gar und goldbraun backen.

EMPFEHLUNG

Servieren Sie hierzu die „Knoblauchtomaten aus dem Ofen" (siehe Rezept Seite 172).

MAKRELEN VOM GRILL MIT GEMÜSETOPF MEDITERRANÉE

(für 4-5 Personen)

Die Makrelen müssen 2 Stunden in der Marinade ziehen.
*Das Gemüse wird umso besser, je länger es im Ofen (mindestens 2 Stunden)
steht.*
*Die feine aromatische Kombination der gebackenen Gemüse ist eine herrli-
che Ergänzung zu dem charakteristischen Geschmack der Makrele.*

ZUTATEN

4-5	Makrelen
•	grobes Meersalz

MARINADE

100 ml	Olivenöl
1	Peperoni, entkernt
2	Knoblauchzehen
1	Schalotte
1/2 TL	scharfes Paprikapulver

GEMÜSETOPF
„MEDITERRANÉE"

1	Aubergine, in dünne Scheiben geschnitten
1	Zucchini, in dünne Scheiben geschnitten
500 g	(Strauch-)Tomaten, in Scheiben geschnitten
1	große rote Zwiebel, in Scheiben geschnitten
100 g	Feta, in Streifen geschnitten
	oder gehobelter Parmesan-Käse

SAUCE

50 ml	Olivenöl
1	Knoblauchzehe
1 EL	getrocknete Kräutermischung:
	Kräuter der Provence oder italienische Kräuter
	(Oregano, Thymian, Rosmarin)
•	evtl. Weißwein oder Bouillon

Fortsetzung ☞

FISCH VORBEREITEN

Den Fisch unter fließendem Wasser abspülen, putzen und mit Küchenpapier trockentupfen.

Die Zutaten für die Marinade mit dem **Stabmixer** oder in der **Küchenmaschine** zu einer cremigen Masse pürieren.

Den Fisch mit der Marinade bestreichen, in eine Schale legen und zugedeckt mindestens 2 Stunden im Kühlschrank stehen lassen.

Achten Sie darauf, dass der Fisch, bevor er auf den **Grill** gelegt wird, wieder Zimmertemperatur erreicht hat.

GEMÜSETOPF MEDITERRANÉE

Den Ofen auf 100 °C vorheizen.

Die Zutaten für die Marinade mit dem **Stabmixer** oder in der **Küchenmaschine** zu einer glatten Sauce pürieren und mit einem Teil davon die **feuerfeste Form** einfetten.

Das Gemüse in die feuerfeste Form schichten und zwar in folgender Reihenfolge: erst die Auberginen, dann 1/3 der Tomaten, darauf die roten Zwiebeln, Zucchini und dann wieder Tomaten und Zwiebeln. Abschließend noch einmal eine Schicht Tomaten.

Den Rest der Marinade darüber gießen und mit dem Feta- bzw. Parmesan-Käse belegen.

Den Gemüsetopf in den Ofen schieben und in 1 1/2 bis 2 Stunden gar werden lassen.

Zwischendurch ab und zu kontrollieren, ob die Flüssigkeit nicht völlig verdampft ist und gegebenenfalls etwas Weißwein, Wasser oder Bouillon zugießen.

Den Fisch aus der Marinade nehmen und dabei einen Teil der Marinade abstreifen. Nun wird der Fisch auf ein **Backblech** gelegt, in den Ofen (nicht zu dicht) unter den **Grill** geschoben und von jeder Seite ca. 6 Minuten gegrillt. Dasselbe gilt für die Zubereitung auf dem **Holzkohle-** oder **Gasgrill**.

Nach dem Grillen wird der Fisch von Haut und Gräten befreit, auf dem Teller angerichtet und zusammen mit dem Gemüsetopf serviert.

ROULADEN AUS ROTEM KNURRHAHN MIT FENCHEL

(für 2 Personen)

ZUTATEN

1 EL	Olivenöl
2	rote Knurrhähne
6	Petersilienzweige
6 Zweige	Fenchelgrün
1 Stückchen	Butter
•	Pfeffer & Salz

GARNIERUNG

2	Fenchelknollen, in Streifen geschnitten
2 EL	Crème fraîche
(2 EL	Pernod)
•	Fenchelgrün, klein geschnitten

Den Ofen auf 180 °C vorheizen.

2 große Stücke **Alufolie** mit Olivenöl einfetten, in die Mitte der Folie die Fenchelstreifen, Crème fraîche und das Fenchelgrün verteilen, eventuell mit Pernod beträufeln.

Die Knurrhähne abspülen und mit **Küchenpapier** trockentupfen. Die Bauchöffnung mit Petersilie, Fenchelgrün und Butterflöckchen füllen und den Fisch auf die Fenchelstreifen legen. Die Alufolie sorgfältig zufalten, damit das Aroma nicht entweichen kann.

Die Rouladen in eine **feuerfeste Form** legen und im Ofen in ca. 20 Minuten gar werden lassen.

🍴 EMPFEHLUNG

Empfohlene Beilage: „Knoblauchtomaten aus dem Ofen" (siehe Rezept Seite 172).

SCHNELLER KABELJAU

(für 6 Personen)

ZUTATEN

1	ganzer Kabeljau (gesäubert, ohne Flossen und Schwanz, aber mit Kopf)
500 g	Schalotten, gehäutet und nicht geschnitten
1 kg	Porree, in Stücke von ca. 5 cm geschnitten
•	Pfeffer & Salz
•	Zitronensaft
1/8 l	(Oliven-)Öl

Den Ofen auf 200 °C vorheizen.

Den Kabeljau unter fließendem Wasser waschen und mit **Küchenpapier** abtrocknen.

In einem Topf mit kochendem Salzwasser Schalotten und Porree blanchieren, in ein Sieb abgießen und abtropfen lassen.

Eine **feuerfeste Form** mit Öl einfetten und den Fisch in „Schwimmhaltung" in die Form legen, mit Zitronensaft beträufeln und Pfeffer und Salz bestreuen. Nun die Schalotten-Porree-Mischung kranzförmig um den Fisch legen, das Ganze mit Öl beträufeln und im Ofen in 25–30 Minuten gar werden lassen. Den Fisch ab und zu mit dem eigenen Fischsud begießen.

SCHOLLE IN EINER GEMISCHTEN KÄSESAUCE

(für 4 Personen)

ZUTATEN

4	Schollenfilets
•	Pfeffer & Salz
2 EL	Öl

SAUCE

1 EL	Öl
1/2	dünne Porreestange, in Streifen geschnitten
100 ml	Fischfond oder -bouillon
100 g	Brie, ohne Rinde und in Stücke geschnitten
100 g	junger Gouda, gerieben
50 g	Parmesan-Käse, gerieben

GARNIERUNG

2 EL	Kerbel, fein gehackt

DIE SAUCE

In einer **Stielkasserolle** 1 EL Öl erhitzen, den Porree anschwitzen, Fischfond oder -bouillon sowie den Brie zufügen und das Ganze gut verrühren. Unter Rühren den geriebenen Käse zugeben und so lange rühren, bis dieser sich aufgelöst hat und eine glatte Sauce entstanden ist. Die Käsesauce warm halten, aber nicht mehr kochen, da sie sonst gerinnen könnte.

DER FISCH

In einer Pfanne das Öl erhitzen und die gewürzten Fischfilets goldbraun braten. Anschließend auf den vorgewärmten Tellern anrichten und mit Kerbel garnieren.

Die Sauce in einer Sauciere zu dem Fisch servieren.

¶¶ EMPFEHLUNG

Als Beilage passt der „Lauwarme Gemüsesalat" (siehe Rezept Seite 55) sehr gut.

HAUPTGERICHTE
FLEISCH

CHINESISCHE BANDNUDELN „MAL ANDERS"

Siehe Foto nach Seite 128
(für 2 Personen)

ZUTATEN

1 EL	Erdnuss- oder Sonnenblumenöl
200 g	Schweineschnitzel, in Streifen geschnitten
2	Knoblauchzehen, fein gehackt
1 Scheibe	Ingwerwurzel, zerdrückt und fein gehackt
1	Peperoni, in feine Ringe geschnitten
1	Porreestange, in Ringe geschnitten
1/2	rote Paprikaschote, in Streifen geschnitten
2	Stangen Staudensellerie, abgezogen und in dünne Scheiben geschnitten
100 g	Zuckerschoten, blanchiert
100 g	Champignons, in dünne Scheiben geschnitten
100 g	Sojasprossen
1	kleiner Chinakohl, in Streifen geschnitten
•	Pfeffer & Salz
1 EL	Sojasauce

In der Pfanne oder im **Wok** das Öl erhitzen, das Schweinefleisch schnell und heiß anbraten, Knoblauch, Ingwer und Peperoni zufügen und sehr kurz „sautieren". Dann Porree, Paprika, Sellerie, Zuckerschoten und die Champignons hineingeben und bei mittlerer Hitze dünsten.

Zum Schluss Kohl und Sojasprossen hinzufügen und die Gemüse „sautieren", bis sie bissfest sind.

Mit Pfeffer und Salz abschmecken und servieren.

GEFÜLLTE PAPRIKASCHOTEN

(für 4 Personen)

ZUTATEN

4	grüne Paprikaschoten
1 EL	Olivenöl
1	Zwiebel, fein gehackt
300 g	Hackfleisch vom Kalb
1	Ei, verquirlt
1 EL	Petersilie, fein gehackt
2 TL	Kräuter der Provence
•	Pfeffer & Salz
•	Öl zum Einfetten der Form

Die Paprikaschoten längs halbieren, entkernen, die weißen Trennwände entfernen und ca. 5 Minuten in kochendem Wasser (oder 2 Minuten abgedeckt in der **Mikrowelle** auf höchster Stufe) blanchieren.

Den Ofen auf 180 °C vorheizen.

Das Öl in der Pfanne erhitzen, die Zwiebel anschwitzen und das Hackfleisch bröselig braten. Unter ständigem Rühren das verquirlte Ei zugeben und alles gut verrühren. Nun die Petersilie und Kräuter der Provence zugeben und die Hackfleischmischung mit Pfeffer und Salz abschmecken.

Die Paprikahälften mit dem Hackfleisch füllen.

Die **Auflaufform** mit dem Öl einfetten und die Paprikahälften hineinsetzen, etwas Wasser (ca. 3 EL) auf den Boden der Form gießen, mit **Alufolie** abdecken und ca. 30 Minuten im Ofen gar werden lassen.

𝄁 EMPFEHLUNG

Als Beilage passt hier: „Cremiger Selleriesalat" (siehe Rezept Seite 54).

CHINESISCHE BANDNUDELN „MAL ANDERS" – Rezept auf Seite 127

RINDFLEISCH-CURRY – Rezept auf Seite 143

GESCHMORTES KANINCHEN

(für 4–6 Personen)

Dieses Gericht ist nicht arbeitsintensiv, aber die Garzeit beträgt mindestens 2 Stunden.

ZUTATEN

1	Kaninchen, in 8 Stücke zerteilt
•	Pfeffer & Salz
100 ml	Olivenöl
500 g	Schalotten, gepellt und (bei großen Schalotten) halbiert
2–3	Lorbeerblätter
4–6	Wacholderbeeren
300 ml	Geflügelfond
300 ml	trockener Weißwein
1 Bund	Thymian, nur die Blättchen

Den Ofen auf 180 °C vorheizen.

Die Kaninchenteile mit Pfeffer und Salz einreiben, in den Bräter legen, mit dem Olivenöl begießen und in den Ofen schieben.

Nach ca. 30 Minuten Schalotten, Lorbeerblatt und Wacholderbeeren in den **Bräter** geben und so verteilen, dass diese zwischen den Kaninchenteilen den Boden bedecken. Wein und Fond vermischen und mit einem Teil davon Kaninchen und Schalotten begießen.

Mindestens noch 1 Stunde im Ofen garen lassen und regelmäßig mit der Wein-Fond-Mischung übergießen.

Die Kaninchenteile aus dem Bräter auf eine vorgewärmte Platte legen und warm stellen.

Den Bratensaft kräftig einkochen lassen und als Sauce zu dem Kaninchen servieren.

🍴 EMPFEHLUNG

Hierzu können Sie das „Selleriepüree" (siehe Rezept Seite 176) servieren.

HACKFLEISCH MIT SCHNITTBOHNEN
UND SOJASPROSSEN

(für 4 Personen)

ZUTATEN

1 EL	Olivenöl
300 g	Hackfleisch vom Rind oder Lamm, nicht zu fein gehackt
50 g	Katenspeck, fein gewürfelt
50 g	Salami, gewürfelt
1/2 TL	Paprikapulver, scharf
1	Knoblauchzehe, fein gehackt
1	große Zwiebel, in Streifen geschnitten
1	rote Paprikaschote, in Streifen geschnitten
500 g	Schnittbohnen, in Stücke geschnitten und blanchiert
250 g	Sojasprossen

In einer Pfanne oder einem **Wok** das Öl erhitzen, das Hackfleisch bröselig braten, Speck- und Salamiwürfel unterrühren und kurz anbraten. Paprikapulver, Knoblauch, Zwiebel und die Paprikastreifen dazugeben, alles gut verrühren und bei mäßiger Hitze ca. 5 Minuten dünsten.

Nun die blanchierten Schnittbohnen zufügen und alles nochmals erhitzen. Zum Schluss die Sojasprossen unter die Hackfleischmischung geben, ganz kurz „sautieren" und auf vorgewärmten Tellern anrichten.

HACKFLEISCH VOM LAMM MIT AUBERGINEN

(für 2 Personen)

ZUTATEN

1 EL	Olivenöl
1	Zwiebel, fein gehackt
1	Knoblauchzehe, fein gehackt
1	Aubergine, gewürfelt
250 g	Hackfleisch vom Lamm
3	Pomodori- oder Strauchtomaten, entkernt und gewürfelt
1 EL	italienische Kräuter (Rosmarin, Thymian, Oregano)
•	Pfeffer & Salz
150 g	Joghurt
1	Eigelb
50 g	Parmesan-Käse oder alter Gouda, gerieben

Den Ofen auf 200 °C vorheizen.

In einer Bratpfanne das Öl erhitzen, Zwiebel, Knoblauch und Aubergine hineingeben und bei mäßiger Hitze ca. 10 Minuten anbraten. Nun das Hackfleisch untermischen und bröselig braten. Tomaten und italienische Kräuter dazugeben, umrühren und mit Pfeffer und Salz abschmecken.

Die Hackfleischmischung in eine **feuerfeste Form** füllen.

Joghurt mit dem Eigelb zu einer glatten Sauce verrühren, über die Hackfleischmischung geben und mit dem Käse bestreuen.

Im Ofen ca. 30 Minuten gar und goldbraun backen.

HACKFLEISCH VOM LAMM MIT ZUCCHINI

Zur Abwechslung kann man diesen Auflauf auch mit Zucchini zubereiten – mit viel Bohnenkraut anstatt der italienischen Kräuter schmeckt er besonders lecker.

HACKFLEISCHEINTOPF MIT GRÜNEN BOHNEN

(für 2 Personen)

ZUTATEN

300 g	Hackfleisch vom Rind
250 g	grüne Bohnen, 5 Minuten blanchiert
1 EL	Olivenöl
1	Chilischote, entkernt und in feine Ringe geschnitten
1	Knoblauchzehe, fein gehackt
1	große Zwiebel, in Streifen geschnitten
1/2	gelbe Paprikaschote, in Streifen geschnitten
100 g	Joghurt
1 EL	Bohnenkraut, fein gehackt
•	Pfeffer & Salz

In der Pfanne oder im **Wok** das Öl erhitzen, darin das Hackfleisch bröselig anbraten, Chili, Knoblauch, Zwiebel, Paprika zufügen, alles gut verrühren und dünsten, bis die Zwiebel glasig ist.

Nun Bohnen, Joghurt und das Bohnenkraut unterrühren und das Ganze zugedeckt bei mäßiger Hitze ca. 10 Minuten dünsten.

Mit Pfeffer und Salz abschmecken und servieren.

HACKFLEISCHEINTOPF MIT FENCHEL

Fenchelliebhaber können in diesem Gericht die grünen Bohnen durch blanchierte Fenchelstreifen, das Bohnenkraut durch Fenchelsaat und Fenchelgrün ersetzen.

HACKFLEISCHKLÖSSCHEN MIT WEISSWEINSAUCE

(für 4 Personen)

ZUTATEN

500 g	mageres Hackfleisch vom Rind, nicht zu fein gehackt
2 EL	Parmesan-Käse, gerieben
5	Salbeiblätter, fein gehackt
1	Knoblauchzehe, fein gehackt
•	Pfeffer & Salz
1 EL	Olivenöl
100 ml	Weißwein
1 EL	eiskalte Butterflöckchen

GARNIERUNG

- einige Salbeiblätter

In einer Schüssel Hackfleisch, Käse, Salbei und Knoblauch gut vermischen und mit Pfeffer und Salz abschmecken.

Von der Hackfleischmischung Klößchen formen und diese flachdrücken (ca. 1 cm).

In der Pfanne das Öl erhitzen, die Klößchen bei nicht zu starker Hitze goldbraun braten und in eine vorgewärmte Schüssel geben.

Den Bratensaft mit dem Wein ablöschen, verrühren und die Sauce zur Hälfte einkochen lassen. Die Sauce mit den kalten Butterflöckchen binden und in einer Sauciere zu den mit Salbeiblättern garnierten Hackfleischklößchen servieren.

TIPP

In Phase II können Sie die Klößchen vor dem Anbraten noch mit Sesamsaat „panieren". Hierzu 2 EL Sesamsaat auf einen Teller geben, die Klößchen darin wenden und in Öl anbraten.

EMPFEHLUNG

Beilage: „Grüne Bohnen in Kräutersahne" (siehe Rezept Seite 168).

HASE AUF ITALIENISCHE ART

(für 4 Personen)

Dieses Gericht ist zwar nicht sehr arbeitsintensiv, aber man muss sich schon etwas Zeit nehmen. Der Hase muss 24 Stunden in der Marinade ruhen und benötigt 2 Stunden zum Garen.

ZUTATEN

1 Hase, in Stücke zerteilt
2 EL Gänsefett (oder Speckfett)
4 EL Olivenöl

MARINADE

1 Flasche Chianti Classico
1 Lorbeerblatt
1 Thymianzweig
1 Oreganozweig
1 Rosmarinzweig
10 Pfefferkörner
2 Knoblauchzehen, halbiert
1 Zwiebel, in Scheiben geschnitten
• abgeriebene Schale von 1 Apfelsine, unbehandelt

MARINADE

Die Zutaten für die Marinade in eine Schüssel geben, die Hasenteile hineinlegen und mindestens 24 Stunden zugedeckt kühl stellen. Falls die Marinade die Hasenteile nicht ganz bedeckt, müssen die Stücke ab und zu gewendet werden.

ZUBEREITUNG

Den Ofen auf 180 °C vorheizen.

Die Hasenteile aus der Marinade nehmen, mit Küchenpapier abtrocknen und mit Pfeffer und Salz einreiben.
    Die Marinade durch ein Sieb streichen und beiseite stellen.

In einem **Bräter** das Gänsefett (oder das Speckfett) erhitzen, die Hasenteile rundherum goldbraun anbraten und anschließend den Bratensaft mit einer Tasse Marinade ablöschen.
    Den Hasen im Ofen in ca. 2 Stunden garen (das Fleisch ist gar, wenn es sich leicht vom Knochen löst). Zwischendurch einige Male mit der restlichen Ma-

Fortsetzung ☛

rinade beträufeln. Die Hasenteile aus dem Bräter auf eine vorgewärmte Platte legen und warm stellen. Die Sauce etwas einkochen lassen und mit Pfeffer und Salz abschmecken.

EMPFEHLUNG

Köstlich hierzu als Beilage: „Grüne Bohnen mit Tomaten" (siehe Rezept Seite 169).

KNUSPRIGE SPECKWÜRFEL MIT KOHL

(für 2 Personen)

ZUTATEN

150 g	Bauchspeck ohne Schwarte, fein gewürfelt
50 g	magerer geräucherter Speck, fein gewürfelt
2	Knoblauchzehen, klein geschnitten
1	rote Zwiebel, in Streifen geschnitten
1 Scheibe	Ingwerwurzel, geraspelt oder klein geschnitten
1	Peperoni, in feine Ringe geschnitten
1/2	rote Paprikaschote, in Streifen geschnitten
1	kleiner Chinakohl oder Wirsingkohl, in dünne Scheiben geschnitten
5	Kardamomkörner (gepellt) und etwas Kümmel
•	Pfeffer & Salz
2 TL	Sesamöl

In einer Pfanne bei mäßiger Hitze den Bauchspeck auslassen, bis kein weißes Fett mehr sichtbar ist. Den geräucherten Speck dazugeben und ebenfalls anbraten.

Knoblauch, Zwiebel, Peperoni und Ingwer zu dem Speck geben und das Ganze kurz „sautieren".
Dann Paprika, Kardamom und Kümmel zufügen, gut verrühren und erhitzen.

Den Kohl portionsweise unterrühren und dünsten; aber nicht zu lange, sonst verliert er seinen „Biss".
   Das Gericht mit Pfeffer und Salz abschmecken und zum Schluss noch das Sesamöl unterrühren.

LAMMGULASCH

(für 4 Personen)

Garzeit für das Fleisch: mindestens 2 Stunden

ZUTATEN

2 EL	Olivenöl
2	große Zwiebeln, klein geschnitten
600–700 g	Lammschulter, in Würfeln von ca. 3 cm Dicke
2 EL	Paprikapulver scharf
2	Knoblauchzehen
1/2 TL	Kümmel
2	große Paprikaschoten, entkernt und in kleine Streifen geschnitten
500 g	Tomaten, entkernt und in Streifen geschnitten
1	Thymianzweig
•	Pfeffer & Salz

In einer Bratpfanne das Olivenöl stark erhitzen, die Zwiebeln darin goldbraun anschwitzen, die Lammfleischwürfel zugeben und rundherum schnell anbraten. Mit Paprikapulver bestreuen, umrühren und das Fleisch bei mäßiger Hitze 1 Stunde – ohne Hinzufügen von Flüssigkeit – langsam dünsten. Dann Knoblauch, Kümmel, Paprikaschoten, Tomaten und Thymian zufügen, alles gut umrühren und noch einmal 1 Stunde schmoren lassen.

Vor dem Servieren mit Pfeffer und Salz abschmecken.

🍴 EMPFEHLUNG

Als Beilage können Sie „Weiße Rübchen" (siehe Rezept Seite 178) servieren.

LAMMKEULE MIT RATATOUILLE

(für 10–12 Personen)

Die Lammkeule braucht mindestens 2 Stunden, um gar zu werden. Bei diesem Rezept haben wir uns für das Garen bei niedriger Ofentemperatur entschieden, weil dabei die Gefahr des Austrocknens beinahe ausgeschlossen ist. Es macht dann auch nichts aus, wenn Sie die Keule eine halbe Stunde oder länger im Ofen lassen.

Um aber ganz sicher zu gehen, können Sie mit einem Fleischthermometer kontrollieren, ob die Keule gar ist. Wenn dieses 70 °C anzeigt, ist die Lammkeule innen rosé und schön saftig.

ZUTATEN

1	Lammkeule (mit Knochen) von ca. 1,5–2 kg
1	Bouquet garni: Thymian, Rosmarin, Lorbeer, Petersilie etc.
3	Knoblauchzehen, in Scheiben geschnitten
4 EL	Olivenöl
200 ml	Fond oder Bouillon vom Lamm oder Weißwein
•	Pfeffer & Salz

Wenn Sie Fertigbouillon verwenden, achten Sie darauf, dass sie keine schlechten Kohlenhydrate (Zucker und/oder Bindemittel) enthält.

RATATOUILLE

10–15	Frühlingszwiebeln, die Zwiebeln in Streifen, das Grün in Ringe geschnitten
3	Zucchini, gewürfelt
4	Tomaten, gehäutet und entkernt
1	Paprikaschote, in Längsstreifen geschnitten
1 EL	Tomatenmark
5 EL	Petersilie, fein gehackt

bitte umblättern ☛

Den Ofen auf 100 °C vorheizen.

Die Lammkeule mit den Knoblauchscheiben spicken (mit der Messerspitze nicht zu tiefe Einstiche machen). Mit Pfeffer und Salz bestreuen.

In einem **Bräter** das Olivenöl erhitzen und die Lammkeule rundherum goldbraun anbraten, das Fleisch aus dem Bräter nehmen.

Nun das Ratatouille-Gemüse hineingeben, kurz anbraten, dann das Tomatenmark zu dem Gemüse geben und kurz mitdünsten. Fond bzw. Bouillon zugießen, das Bouquet garni hineingeben und die Lammkeule auf das Gemüse legen. Den Bräter in den Ofen schieben und die Lammkeule in ca. 2 Stunden gar werden lassen.
   Wenn nötig, zwischendurch noch etwas Fond zugeben.

Die Lammkeule aus dem Bräter nehmen und unter **Folie** im Ofen (der jetzt ausgeschaltet ist) ca. 15 Minuten ruhen lassen.

Von der Lammkeule schräg zum Knochen schöne Scheiben schneiden und auf einer großen Platte anrichten.

Die Ratatouille nochmals kurz erhitzen, mit Pfeffer und Salz abschmecken, anrichten, mit Petersilie garnieren und zu dem Lammfleisch servieren

LAMMKOTELETTS MIT SALBEI

(für 2 Personen)

Die Lammkoteletts müssen erst 1 Stunde in der Salbei-Öl-Marinade ruhen.

ZUTATEN

- 2–4 Lammkoteletts
- 4 EL Olivenöl
- • einige Salbeiblätter, fein geschnitten
- 1 Knoblauchzehe, fein geschnitten
- • Pfeffer & Salz

Für die Marinade Salbeiblätter, Knoblauch, Pfeffer und Salz mit 1 EL Olivenöl anrühren und damit die Koteletts bestreichen. Mindestens 1 Stunde ziehen lassen.

In einer Pfanne das restliche Öl erhitzen und die Lammkoteletts auf beiden Seiten braun braten, jedoch nicht zu lange, damit sie in der Mitte schön rosé bleiben.

❙❙ EMPFEHLUNG

Als Gemüse hierzu „Frühlingskohlrabi" (siehe Rezept Seite 164) servieren.

MARINIERTER RINDERSCHMORTOPF

(für 4 Personen)

ZUTATEN

500-600 g	mageres Rindfleisch, gewürfelt
•	Pfeffer & Salz
2 EL	Öl
250 g	grüne Bohnen, blanchiert
100 g	Champignons, in Scheiben geschnitten
2 EL	Crème fraîche

MARINADE

1	Zwiebel
4	weiße Rübchen, geschält und in Stücke geschnitten
1/2 l	Rotwein
1	Thymianzweig
1	Rosmarinzweig
1	Knoblauchzehe, zerdrückt
1/2 TL	schwarze Pfefferkörner, geschrotet
1	Zitrone, in Scheiben geschnitten

In einer großen Schüssel die Zutaten für die Marinade verrühren, die Fleischwürfel hineingeben, abdecken und mindestens 24 Stunden im Kühlschrank ziehen lassen.

Das Fleisch aus der Marinade nehmen, mit Küchenpapier abtupfen und mit Pfeffer und Salz bestreuen.
In einem Topf das Öl erhitzen, das Fleisch rundherum goldbraun anbraten.

Die Marinade durch ein Sieb abgießen (Flüssigkeit auffangen).

Zwiebel und weiße Rübchen aus dem Sieb nehmen, zu dem Fleisch geben und kurz anbraten. Dann mit einem Teil der Marinade ablöschen und zugedeckt ca. 2 1/2 Stunden bei sehr schwacher Hitze schmoren lassen. Zum Schluss die Crème fraîche unterrühren und mit Pfeffer und Salz abschmecken.

🍴 EMPFEHLUNG

Eine sehr schmackhafte Beilage hierzu ist das „Wirsingpüree" (siehe Rezept Seite 179).

RINDERROULADEN MIT GEMÜSEFÜLLUNG

(für 4 Personen)

ZUTATEN

4 Scheiben	Rindfleisch aus der Keule, gut abgehangen
1 EL	scharfer Senf
4 Scheiben	geräucherter, durchwachsener Speck, dünn geschnitten
1	saure Gurke oder 2 kleine Gewürzgurken[*], in dünne Längsstreifen geschnitten
2 Stangen	Staudensellerie, abgezogen und in Längsstreifen geschnitten
1	Porreestange, in Längsstreifen geschnitten
•	Pfeffer & Salz
4 EL	Olivenöl

SAUCE

200 ml	Weißwein
100 ml	Rinderfond oder -bouillon

Die flachgedrückten Scheiben Rindfleisch auf ein Brett legen, die Innenseite mit Pfeffer und Salz würzen, mit Senf bestreichen und mit einer Scheibe Speck belegen.

Für die Gemüsefüllung von den in Streifen geschnittenen Gemüsen und der Gurke 4 kleine Bündel formen und jeweils auf eine Fleischscheibe legen.
Das restliche Gemüse in kleine Stücke schneiden.

Die Fleischscheibe sorgfältig und fest aufrollen. Damit die Rouladen beim Schmoren nicht auseinanderfallen, müssen sie gut zusammengehalten werden. Hier gibt es diverse Möglichkeiten: Man steckt sie entweder mit **Metall- oder Holzspießchen** fest, umwickelt sie mit **Küchengarn** oder klammert sie mit **Rouladenklammern** fest.

Im **Bräter** das Öl erhitzen, die Rouladen kräftig von allen Seiten anbraten, das klein geschnittene Gemüse kurz mitbraten.

bitte umblättern ☛

---

[*] Beim Konservieren von Gurken wird oft Zucker verwendet. Achten Sie beim Einkauf möglichst darauf, dass Sie Gurken ohne Zusatz von Zucker nehmen oder Gurken, die mit Süßstoff gesüßt wurden.

Danach den Wein und Fond zugießen (die Rouladen sollten zu 2/3 bedeckt sein) und zugedeckt bei sehr mäßiger Hitze in ca. 1 1/2 Stunden gar werden lassen. Man kann das Fleisch auch bei 160 ° C im Ofen garen. Zum Bräunen die letzten 30 Minuten den Deckel abnehmen.

Hierzu passt als Beilage „Selleriepüree" (siehe Rezept Seite 176) oder „Grüne Bohnen mit Tomaten" (siehe Rezept Seite 169).

Was die Füllung aber auch die „Hülle" betrifft, so gibt es unzählige Variationsmöglichkeiten.

Die bekannteste Kombination ist immer noch Rindfleisch mit Gemüsefüllung, aber natürlich kann man auch alle möglichen anderen Fleischsorten ausprobieren, und für die Füllung sind der Phantasie keine Grenzen gesetzt.

Hier einige Vorschläge:
- Chilipaste, Champignons, Paprikastückchen
  und frischer Koriander
- geräucherter Schinken, Zucchini, getrocknete und frische Pilze,
  frische Ingwerwurzel, Knoblauch, Sojasauce
- Crème fraîche, Staudensellerie und Peperoni

Zur Abwechslung schlage ich Rouladen mit anderen Fleischsorten und dazu passenden Füllungen vor:
- Schweinefleisch gefüllt mit Sauerkraut, Zwiebeln und Salami
- Kalbfleisch gefüllt mit Frühstücksspeck, Zwiebeln, Basilikum
  und Parmesan-Käse
- Lammfleisch gefüllt mit Sojasauce, Sesamöl, Weißkohl,
  chinesischen Pilzen, Porree, Ingwerwurzel und Knoblauch

RINDFLEISCH-CURRY

Siehe Foto vor Seite 129

(für 4 Personen)

Dieses Gericht erfordert eine längere Vorbereitungszeit (2 Stunden) und eine lange Zubereitungszeit (2 1/2 Stunden). Aber es hat den Vorteil, dass man es im Voraus kochen kann.

ZUTATEN

500–600 g	mageres Rindfleisch, klein gewürfelt
•	Pfeffer & Salz

GEWÜRZMISCHUNG

1 EL	Weinessig
3 EL	Curry
3	große Knoblauchzehen, zerdrückt oder gepresst
1 Stück	Ingwerwurzel, geraspelt
	oder 1 Teelöffelspitze Ingwerpulver
1	Lorbeerblatt, zerkrümelt
2	Kardamomkörner, geschält
•	Cayennepfeffer

DER CURRY

2 EL	Gänseschmalz
2	Zwiebeln, klein gewürfelt
1	grüne Peperoni, in feine Ringe geschnitten
250 g	Joghurt (Vollmilch)
1 EL	Zitronensaft
200 g	blanchierte Schnittbohnen
2 EL	Koriander oder Petersilie, fein gehackt

Das Fleisch mit Pfeffer und Salz würzen. In einer großen Schüssel die Gewürze mit dem Weinessig gut verrühren, nun die Fleischwürfel unter diese Gewürzmischung mengen und mindestens 2 Stunden ziehen lassen.

Gänseschmalz in einem **Schmortopf** erhitzen, die Zwiebeln glasig andünsten, Peperoni und das Fleisch dazugeben und alles gut vermengen. Das Fleisch

bitte umblättern ☛

anbräunen, bis die Flüssigkeit verdampft ist. Joghurt und eventuell Zitronensaft unterrühren und den Curry zugedeckt ungefähr 2 1/2 Stunden bei schwacher Hitze leise köcheln lassen. Zum Schluss die Schnittbohnen unterheben und noch einmal kurz erhitzen. Kurz vor dem Servieren mit Koriander oder Petersilie garnieren.

In Phase II können Sie die Schnittbohnen durch 200 g (Tiefkühl-)Erbsen ersetzen.

Zu diesem Gericht passt: „Lauwarmer Porree mit pikantem Dressing" (siehe Rezept Seite 56).

SCHWEINEFILET MIT SALBEI

(für 4 Personen)

Hier eine Abwandlung des italienischen Gerichtes „Saltimbocca alla Romana", das allerdings mit Kalbsschnitzel zubereitet wird.

ZUTATEN

2	Schweinefilets, insgesamt ca. 450 g
•	frischer Salbei
50 g	Parmaschinken
•	Pfeffer & Salz
•	Olivenöl

Die Schweinefilets in 2 1/2 cm dicke Scheiben schneiden, zwischen **Klarsichtfolie** flachdrücken (nicht schlagen). Mit reichlich Pfeffer würzen, auf jede Scheibe 2 Salbeiblätter sowie eine maßgerechte Scheibe Parmaschinken legen und mit einem **Holzspießchen** feststecken.

In einer Pfanne etwas Olivenöl erhitzen und von den Filetscheiben erst die Schinkenseite und danach die andere Seite anbraten. Jedoch nicht zu lange, damit das Fleisch innen schön rosé und saftig bleibt.

🍴 EMPFEHLUNG

Beilage: „Zuckerschotensalat" (siehe Rezept Seite 61)

SCHWEINESCHULTER MIT BOHNENKRAUT

(für 4-6 Personen)

Dieses Gericht wird kalt gegessen und schmeckt am besten, wenn das Fleisch einen Tag vorher zubereitet wird und eine Nacht kühl steht, bevor es mit dem Balsamicoessig und Bohnenkraut gewürzt wird. Ideal für ein sommerliches Buffet.

ZUTATEN

750 g	Schweineschulter ohne Knochen
•	Pfeffer & Salz
3 EL	(Oliven)Öl
2	Zwiebeln, gewürfelt
2	Lorbeerblätter
3/8 l	Kalbsfond (Glas) oder Kalbsbouillon

DRESSING

1 Bund	Bohnenkraut, von den Stielen befreit und fein gehackt
5 EL	Balsamicoessig

Den Ofen auf 200 °C vorheizen.

Die Schweineschulter mit Pfeffer und Salz einreiben.

In einem **Bräter** das Öl erhitzen und das Fleisch rundherum goldbraun anbraten, Zwiebeln und Lorbeerblätter zufügen und mit der Hälfte des Fonds bzw. der Bouillon ablöschen.

In den Ofen schieben und das Fleisch in ca. 1 Stunde gar werden lassen. Zwischendurch mit dem Bratensaft bzw. dem restlichen Fond beträufeln.

Das Fleisch aus dem Bräter nehmen, den Bratensaft durch ein Sieb gießen und beides abgedeckt im Kühlschrank aufbewahren.

Das Fleisch 3-4 Stunden vor dem Servieren mit einem **scharfen (elektrischen) Messer** in dünne Scheiben schneiden und auf einer großen Platte anrichten.

Bohnenkraut, Balsamicoessig und Bratensaft gut zu einem Dressing verrühren, über die Fleischscheiben gießen und ziehen lassen.

🍴 EMPFEHLUNG

Als Beilage wird „Auberginenpüree" empfohlen (siehe Rezept Seite 162).

bitte umblättern ☛

Anstatt Schweinefleisch kann man auch Kalbfleisch oder eine ganze Poularde nehmen.

Mit dem Bohnenkraut ist es wie mit dem Knoblauch: Der eine findet es unwiderstehlich und kann nicht genug davon bekommen, der andere mag es einfach nicht. Wer kein Liebhaber von Bohnenkraut ist, kann statt dessen mit Thymian oder Basilikum würzen.

SOMMERGEMÜSE AUS DEM WOK

(für 4 Personen)

ZUTATEN

2 Scheiben	Schweinebauch ohne Schwarte, fein gewürfelt
100 g	Chorizo (oder Pfeffersalami), fein gewürfelt
1	Peperoni, entkernt und in feine Ringe geschnitten
1	Knoblauchzehe, zerdrückt
1 Stück	Ingwerwurzel, zerdrückt und fein gehackt
•	Pfeffer & Salz
100 g	Zuckerschoten, eventuell blanchiert
1	dünne Porreestange
1/2	rote Paprikaschote, in dünne Streifen geschnitten
8	Radieschen, in dünne Scheiben geschnitten
2	Frühlingszwiebeln, in Ringe geschnitten
250 g	Sojasprossen
1 Bund	Koriander, fein gehackt

In der Pfanne oder im **Wok** bei mäßiger Hitze die Speckwürfel braun und knusprig braten – das dauert mindestens 15 Minuten.

Falls nötig, das überschüssige Fett abschöpfen, die Chorizowürfel dazugeben und ebenfalls anbraten. Peperoni, Knoblauch und Ingwer zufügen und kurz dünsten.

Dann die verschiedenen Gemüse zufügen und „sautieren", und zwar erst die Zuckerschoten, dann Paprika, danach Porree, Radieschen und Zwiebelringe und ganz zum Schluss die Sojasprossen.

Mit Pfeffer und Salz und dem fein gehackten Koriander abschmecken und servieren.

HAUPTGERICHTE
GEFLÜGEL

HÄHNCHENBRUST GEFÜLLT MIT OLIVEN

(für 2 Personen)

ZUTATEN

2	Hähnchenbrustfilets à 125 g
2 EL	Olivenöl

FÜLLUNG

50 g	schwarze Oliven, entkernt
1	Knoblauchzehe
10	Basilikumblätter
•	Pfeffer & Salz

Den Ofen auf 200 °C vorheizen.

In der **Küchenmaschine** oder mit dem **Stabmixer** die Zutaten für die Füllung pürieren.

Mit einem scharfen Messer in die Hähnchenfilets 4 tiefe Taschen einschneiden und diese mit dem Olivenpüree füllen.

In einer Pfanne das Öl erhitzen, die Filets von beiden Seiten goldbraun anbraten, in eine **feuerfeste Form** legen und in ca. 8-10 Minuten im Ofen gar werden lassen.

 EMPFEHLUNG

Als Beilage empfehle ich „Zuckerschotensalat" (siehe Rezept Seite 61).

HUHN AUS DEM WOK

(für 2 Personen)

ZUTATEN

250 g	Hähnchenbrustfilet, in Streifen geschnitten
2 EL	Olivenöl
4	große Frühlingszwiebeln, in Ringe geschnitten
2	Knoblauchzehen, in Scheiben geschnitten
100 g	Shiitake-Pilze, in Streifen geschnitten
100 g	Zuckerschoten, blanchiert
1 EL	Bohnenkraut, fein gehackt
•	Pfeffer & Salz

GARNIERUNG

100 g   Alfalfa

Im **Wok** das Öl erhitzen und den Knoblauch sehr kurz anschwitzen.

Das Hähnchenfleisch dazugeben und dieses in ein paar Minuten goldbraun und knusprig anbraten. Frühlingszwiebeln und Pilze zugeben und kurz garen. Zum Schluss die blanchierten Zuckerschoten hinzufügen und noch 2 Minuten mitdünsten.

Das Bohnenkraut unterrühren und das Ganze mit Pfeffer und Salz abschmecken.

Die Teller mit Alfalfa garnieren und das Hähnchenfilet darauf anrichten. Anstatt Alfalfa können Sie hierzu auch „Sojasprossen aus dem Wok" (siehe Rezept Seite 177) reichen.

HUHN IN KÄSESAUCE

(für 2 Personen)

ZUTATEN

2	Hähnchenbrustfilets à 125 g
1 EL	Olivenöl
1	große Frühlingszwiebel, in Scheiben geschnitten
1	rote Peperoni, entkernt und in feine Ringe geschnitten
2	Knoblauchzehen, in Scheiben geschnitten
100 g	(braune) Champignons, in Scheiben geschnitten
1 Becher (125 g)	Crème fraîche
100 ml	Weißwein
50 g	Blauschimmelkäse (Roquefort oder Gorgonzola)
4 EL	Petersilie, fein gehackt
•	Pfeffer & Salz

In der Pfanne oder im **Wok** das Öl erhitzen, die Hähnchenfilets goldbraun anbraten. Herausnehmen und auf vorgewärmten Tellern warm halten.

Nun Peperoni und Knoblauch 1 Minute in der Pfanne bei hoher Temperatur anbraten. Auch Champignons und Frühlingszwiebel dazugeben und diese 3 Minuten anbraten.

Zum Schluss Crème fraîche, Weißwein und den Käse zufügen, alles gut verrühren und bei Bedarf mit Pfeffer und Salz abschmecken.

EMPFEHLUNG

Hierzu passt als Beilage „Gemüse-Tagliatelle" (siehe Rezept Seite 167).

SCHWEINEFILET MIT KÄSESAUCE

Dasselbe Gericht kann man auch mit Scheiben vom Schweinefilet zubereiten, was ich sehr empfehlen kann. Die Sauce wird dann mit frischem Salbei, Rosmarin oder Thymian abgeschmeckt.

KNOBLAUCHHUHN MIT ZITRONENSAUCE

(für 3–4 Personen)

Dies ist vielleicht ein etwas gewagtes Rezept mit so viel Knoblauch. Wer keinen Knoblauch mag, wird dies auch nicht so schnell ausprobieren. Aber für Knoblauchliebhaber ist dieses Gericht ein Gedicht – einfach in der Zubereitung und wunderbar im Geschmack.

ZUTATEN

1	Poularde, enthäutet und in 6 oder 8 Stücke zerteilt
•	Pfeffer & Salz
3	Zitronen, unbehandelt, gut gewaschen und geviertelt
•	2 große oder 4 kleine Knoblauchknollen, ungepellt und quer halbiert
2 EL	Olivenöl
1	Rosmarinzweig
•	einige Thymianzweige
200 ml	Geflügelfond oder Hühnerbouillon (siehe Rezept S. 106)
100 ml	trockener Weißwein

Den Ofen auf 180 °C vorheizen.

Das Poulardenfleisch mit Pfeffer und Salz einreiben.

Im **Bräter** das Öl erhitzen, auf dem Boden Rosmarin, Thymian und die Knoblauchhälften mit der Schnittfläche nach unten verteilen und kurz anbraten (den Knoblauch nicht verbrennen lassen!). Den Knoblauch herausnehmen und die Poulardenstücke in dem mit Knoblauch aromatisierten Öl rundherum goldbraun anbraten. Nun den Knoblauch wieder dazugeben und auch die Zitronenstücke in den Bräter geben. Mit Pfeffer und Salz würzen, den Geflügelfond oder die Geflügelbouillon zugießen, den Bräter ohne Deckel in den Ofen schieben und das Hähnchenfleisch in ca. 50 Minuten gar werden lassen. Die Flüssigkeit ist dann zum größten Teil verdampft.

Die Poulardenstücke aus dem Bräter nehmen und auf einer vorgewärmten Platte warm stellen, die Zitronenstücke herausfischen und auf das Fleisch legen.

Den Bratensaft (inklusive Knoblauch) durch ein Sieb pressen, gegebenenfalls noch etwas Bouillon oder Wein zugießen und diese Sauce in einer Sauciere zu dem Knoblauchhuhn servieren.

Probieren Sie hierzu einmal „Blumenkohl und Brokkoli blanchiert" (siehe Rezept Seite 163).

PUTENSCHNITZEL CORDON BLEU

(für 2 Personen)

ZUTATEN

2	dünne Scheiben Putenfilet à 100 g
1 EL	Joghurt
2 Spritzer	Worchestersauce
4 Scheiben	Parmaschinken
50 g	Gorgonzola

PANADE

50 g	Parmesan-Käse, gerieben
1	Ei
2 EL	Öl

Die Putenschnitzel zwischen Klarsichtfolie flachdrücken.

In einer Schüssel die Worchestersauce mit dem Joghurt verrühren und damit eine Seite der Schnitzel bestreichen. Darauf eine Scheibe Parmaschinken legen.

Den Gorgonzola mit einer Gabel zerbröckeln und auf dem Schinken verteilen.

Die Schnitzel zusammenklappen und mit einem **Holzspießchen** feststecken.
   In einem tiefen Teller das Ei verquirlen, auf einen anderen Teller den Parmesan-Käse geben. Nun werden die gefüllten Putenschnitzel erst in dem Ei und danach im Parmesan-Käse gewendet.

In einer Pfanne das Öl erhitzen und die Schnitzel goldbraun braten, je Seite ca. 4 Minuten.

¶¶ EMPFEHLUNG

Als Beilage zu den Putenschnitzeln passt „Gebackener Chicorée" (siehe Rezept Seite 166).

TIPP

In Phase II können Sie die Hälfte des Parmesans durch 25 g Mandelsplitter oder gemahlene Haselnüsse ersetzen.

TEUFELSHUHN

(für 3-4 Personen)

ZUTATEN

1	Poularde, enthäutet und in 6 oder 8 Stücke zerteilt
•	Pfeffer & Salz
1	Knoblauchzehe, in dünne Scheiben geschnitten
1	Rosmarinzweig
50 ml	Olivenöl
3	rote Peperoni, entkernt und in kleine Stückchen geschnitten
3 EL	Zitronensaft
100 ml	Weißwein
20 g	kalte Butter, in kleine Stücke geschnitten

Den Ofen auf 140 °C vorheizen.

Poulardenstücke mit Pfeffer und Salz einreiben. Mit der Messerspitze in das Fleisch einige Einstiche machen und ein paar Rosmarinnadeln und je ein Scheibchen Knoblauch hineinstecken.

Im **Bräter** die Hälfte des Öls erhitzen und das Poulardenfleisch rundherum goldbraun anbraten. Die Hälfte der Peperoni und den Rosmarin neben das Fleisch legen und den Bräter in den Ofen schieben. Garzeit zwischen 40 und 50 Minuten.

Zitronensaft und die übrige Peperoni mit dem restlichen Öl verrühren und damit das Poulardenfleisch nach der Hälfte der Garzeit bepinseln.

Das Fleisch aus dem Bräter nehmen und auf einer vorgewärmten Platte warm stellen.

Den Wein zu dem Bratensaft gießen und die Sauce einkochen lassen. Mit Pfeffer und Salz abschmecken und – falls gewünscht – zum Schluss mit kalter Butter binden.

Die fertigen Poulardenstücke auf vorgewärmten Tellern mit der Sauce anrichten.

🍴 EMPFEHLUNG

Als Beilage empfehle ich „Sauerkraut gedünstet" (siehe Rezept Seite 175), um die Schärfe etwas zu mildern.

HAUPTGERICHTE
VEGETARISCH

AUBERGINEN-KÄSE-TOAST (V)

Siehe Foto nach Seite 160
(für 2 Personen)

Auberginenscheiben können ausgezeichnet in einem **Kontaktgrill** *gegart werden. Wenn Sie über solch einen Grill nicht verfügen, können Sie auch einfach eine* **feuerfeste Form** *sowie die Außenseite des Auberginentoasts mit Öl bepinseln und im vorgeheizten Ofen 20 Minuten bei 180 °C backen.*

ZUTATEN

1	Aubergine
•	(grobes) Meersalz
1 EL	Olivenöl

FÜLLUNG

100 g	abgetropfter Quark
1	Knoblauchzehe, fein gehackt
6	Basilikumblätter, klein geschnitten
2 Scheiben	mittelalter Gouda
4	Tomaten, in dünne Scheiben geschnitten
•	Pfeffer

GARNIERUNG

•	einige Basilikumblätter

Aus der Aubergine 4 gleich große Scheiben schneiden, diese mit Meersalz bestreuen, zum Entziehen der Feuchtigkeit 1/2 Stunde stehen lassen. Anschließend abspülen und mit **Küchenpapier** abtrocknen.

Den **Kontaktgrill** vorheizen.

In einer Schüssel Quark, Knoblauch und das klein geschnittene Basilikum verrühren. Zwei der Auberginenscheiben an einer Seite mit einem Teil der Quarkmasse bestreichen, darauf eine Scheibe Käse sowie eine oder zwei Tomatenscheiben legen, Tomaten mit Pfeffer würzen.

bitte umblättern ☛

Die anderen beiden Auberginenscheiben mit der restlichen Quarkmasse bestreichen und diese mit der bestrichenen Seite auf die Tomatenscheiben drücken.

Den Kontaktgrill mit Öl einfetten und die „Auberginen-Toasts" in ca. 5 Minuten gar werden lassen.
   Mit einigen Basilikumblättern garnieren.

BLUMENKOHL ITALIENISCH (V)

(für 4 Personen)

ZUTATEN

1	Zwiebel, gewürfelt
300 g	Blumenkohl, in Röschen zerteilt und die Stiele in gleich große Stücke geschnitten
300 g	Brokkoli, in Röschen zerteilt und die Stiele in gleich große Stücke geschnitten
5 EL	Olivenöl
•	Pfeffer & Salz
6	Eier
1 Becher (125 g)	Crème fraîche
50 g	Pecorino- oder Parmesan-Käse, gerieben
2 EL	Bohnenkraut oder andere grüne Kräuter, fein gehackt
3	Knoblauchzehen, in Scheiben geschnitten

Den Ofen auf 200 °C vorheizen.

In einer Pfanne das Öl erhitzen, die Zwiebel anschwitzen und die Blumenkohl- und Brokkolistiele zugeben und ca. 5 Minuten bei mäßiger Hitze anbraten. Dann erst die Blumenkohl- und Brokkoliröschen in die Pfanne geben und noch 5 Minuten dünsten.

In einer Schüssel die Eier mit Crème fraîche und Käse verrühren, die fein gehackten grünen Kräuter dazugeben und mit Pfeffer und Salz abschmecken.

In einer **flachen Auflaufform** Blumenkohl und Brokkoli verteilen, die Eiermischung darüber gießen, mit den Knoblauchscheibchen belegen und im Ofen ca. 30 Minuten überbacken.

GEMÜSETORTE (V)

(für 3–4 Personen)

ZUTATEN

1	Zucchini, in dünne Streifen geschnitten
3 EL	Knoblauchöl (siehe Rezept Seite 49)
1	Porreestange, in dünne Ringe geschnitten
1/2	rote Paprikaschote, in Streifen geschnitten
100 g	Austernpilze oder Champignons, in Streifen geschnitten
3	Eier
3 EL	saure Sahne
1 EL	fein gehackte grüne Kräuter: Thymian, Oregano, Rosmarin, Petersilie oder Sellerie
•	Pfeffer & Salz
100 g	geriebener Käse

Den Ofen auf 180 °C vorheizen.

Eine **runde Auflaufform** mit etwas Knoblauchöl einfetten.
Mit den Zucchinischeiben den Boden der Form auslegen.

In einer Pfanne das restliche Öl erhitzen, darin Knoblauch, Porree, Paprika und Pilze anbraten und über die Zucchinischeiben verteilen.

In einer Schüssel die Eier mit der sauren Sahne und der Hälfte des Käses verrühren. Mit Pfeffer und Salz und den grünen Kräutern abschmecken und über die Zucchini-Gemüse-Mischung gießen. Den restlichen Käse über die „Gemüsetorte" streuen und im Ofen in ca. 30 Minuten goldbraun backen.

   Anstatt der Zucchinischeiben kann man als unterste Schicht auch Auberginenscheiben nehmen.

GRÜNKOHL-LASAGNE MIT KÜMMELKÄSE (V)

(für 4 Personen)

ZUTATEN

2 EL	Öl
1	Knoblauchzehe, in Scheiben geschnitten
2	Zwiebeln in Streifen geschnitten
800 g	Grünkohl, gründlich gewaschen und klein geschnitten
1 EL	Essig
•	Pfeffer & Salz
400 g	Kümmelkäse, gerieben
400 g	abgetropfter Quark

Den Ofen auf 180 °C vorheizen.

In einer Pfanne oder einem **Wok** das Öl erhitzen, darin Knoblauch und Zwiebeln glasig anschwitzen. Den Grünkohl zugeben und bei mäßiger Hitze in ca. 10 Minuten zusammenfallen lassen. Mit Essig, Pfeffer und Salz abschmecken.

Dann die Hälfte des geriebenen Käses mit dem Quark verrühren und mit etwas Pfeffer und Salz würzen.
  Eine **feuerfeste Form** mit Öl einfetten und auf dem Boden die Hälfte des gebackenen Kohls verteilen. Darauf eine Schicht von der Hälfte der Quark-Käse-Masse geben. Als nächste Schicht den Rest des Kohls und darüber wieder die restliche Quark-Käse-Masse verteilen.

Den restlichen geriebenen Käse über das Gericht streuen und im Ofen in ca. 30 Minuten gar und goldbraun werden lassen.

GRÜNKOHL-LASAGNE MIT GEWÜRZNELKENKÄSE (V)

Eine ganz besondere holländische Spezialität ist der „Friesische Gewürznelkenkäse" (Nagelkaas), der allerdings nicht überall erhältlich ist. Sie sollten ihn mal probieren. Dieselbe Menge Kümmelkäse wird dann durch den Gewürznelkenkäse ersetzt.
  Wer es geschmacklich lieber neutraler hat, nimmt mittelalten Gouda.

PANIERTES AUBERGINENSTEAK (V)

(für 2 Personen)

ZUTATEN

1	große Aubergine, in 4 dicke Längsscheiben geschnitten
•	Olivenpaste
100 g	schwarze Oliven, entkernt
1	Peperoni, entkernt und in feine Ringe geschnitten
2	Knoblauchzehen
2–3 EL	Olivenöl
•	Öl zum Einfetten der Form

Den **Grill** vorheizen.

Oliven mit Peperoni, Knoblauch und dem Öl in der **Küchenmaschine** oder mit dem **Stabmixer** zu einer glatten Paste pürieren.

Eine **feuerfeste Form** mit Öl einfetten und die Auberginenscheiben hineinlegen. Die Auberginenscheiben mit einem Teil der Olivenpaste bestreichen und 2 Minuten grillen.

Die Form aus dem Grill nehmen, die Auberginenscheiben vorsichtig wenden und nun die andere Seite mit der restlichen Paste bestreichen. Nochmals 2 Minuten unter den Grill schieben.

¶¶ EMPFEHLUNG

Zu dem Auberginensteak kann man z. B. „Gefüllte Tomaten" (siehe Rezept Seite 86) servieren.

 TIPP

Sie können die Auberginenscheiben auch in einer antihaftbeschichteten Pfanne backen.

RÜHREI MIT ROSENKOHL (V)

(für 2 Personen)

ZUTATEN

1 EL	Öl
1	kleine Zwiebel, in Streifen geschnitten
300 g	Rosenkohl, geputzt und in dünne Scheiben geschnitten
4	Eier
4 EL	saure Sahne oder Milch
2 EL	Kümmelkäse, gerieben
•	Pfeffer & Salz
1 EL	Petersilie, fein gehackt

In einer Schüssel Eier mit saurer Sahne oder Milch und dem Käse verrühren. Mit Pfeffer und Salz abschmecken.

In einer Pfanne das Öl erhitzen, darin die Zwiebeln glasig andünsten, die Rosenkohlscheiben in die Pfanne geben und ebenfalls ca. 2 Minuten dünsten.

Die Eiermasse über das Gemüse gießen und so lange umrühren, bis die Eier zu stocken anfangen: Das Rührei sollte gerade noch ein wenig flüssig sein.
    Die Petersilie unterrühren, das Rührei auf vorgewärmten Tellern anrichten.

SCHMORGURKEN MIT QUARK (V)

(für 2 Personen)

ZUTATEN

2	kleine Gurken
1 EL	Öl
1	Knoblauchzehe, fein geschnitten
1	rote Peperoni, entkernt und in Ringe geschnitten
1	Porreestange, in Ringe geschnitten
2 EL	fein gehackte grüne Kräuter: Petersilie, Dill oder Fenchel
•	Pfeffer & Salz
150 g	Sahnequark

Die Gurken längs halbieren und die Kerne mit einem Löffel herausschaben. Die Gurkenhälften in Scheiben von 1/2 cm Dicke schneiden.

In einer Pfanne oder einem Wok das Öl erhitzen und darin Knoblauch, Peperoni und Porree scharf anbraten. Die Gurkenscheiben unterrühren, bei schwacher Hitze 10 Minuten dünsten.

Den Quark dazugeben, mit dem Gemüse gut verrühren und nochmals kurz erhitzen. Der Quark darf nicht kochen, da er sonst gerinnt. Zum Schluss die grünen Kräuter unterheben und mit Pfeffer und Salz abschmecken.

SPINAT MIT FETA AUS DEM WOK (V)

(für 2 Personen)

ZUTATEN

1 kg	Spinat, gründlich gewaschen und geputzt
2 EL	Olivenöl
2	Knoblauchzehen, fein geschnitten
4	große Frühlingszwiebeln, in Scheiben geschnitten
1	rote Peperoni, in feine Ringe geschnitten
150 g	Feta-Käse, gewürfelt
•	Pfeffer & Salz
•	Muskatnuss

In einem **Wok** das Öl erhitzen und darin Knoblauch, Zwiebeln und Peperoni kurz anbraten. Portionsweise den Spinat unterrühren und zusammenfallen lassen. Dann den Feta-Käse zugeben und nochmals erhitzen. Mit Pfeffer und Salz und eventuell etwas Muskatnuss abschmecken.

TIPP

In Phase II können Sie dieses Gericht mit einem Esslöffel Pinienkernen garnieren.

AUBERGINEN-KÄSE-TOAST – Rezept auf Seite 153

GRÜNE BOHNEN MIT TOMATEN – Rezept auf Seite 169

TORTILLA MIT BOHNEN UND PAPRIKA (V)

(für 6 Personen)

ZUTATEN

5 EL	Öl
2	Knoblauchzehen, fein gehackt
3	Zwiebeln, in Ringe geschnitten
2	grüne Paprikaschoten, in Streifen geschnitten
200 g	grüne Bohnen halbiert und in Stücke gebrochen
1	kleine Zucchini, in Scheiben geschnitten

OMELETT

5	Eier
3 EL	Schlagsahne
1/2 Bund	Petersilie, fein gehackt
•	einige Zweige Bohnenkraut oder Thymian, fein gehackt
•	Pfeffer & Salz

Den Ofen auf 200 °C vorheizen.

In einer **Pfanne (mit feuerfestem Handgriff)** das Öl erhitzen.
Paprika, Brechbohnen und Zucchini zufügen und ca. 3 Minuten andünsten.

In einer Schüssel die Eier mit der Schlagsahne verquirlen, Petersilie, Bohnenkraut oder Thymian zugeben und mit Pfeffer und Salz abschmecken.

Die Eiermischung über das Gemüse in der Pfanne gießen, bei mäßiger Hitze stocken lassen.
   Die Pfanne in den Ofen schieben und die Tortilla in ca. 30 Minuten gar backen.

GEMÜSEBEILAGEN

AUBERGINENPÜREE (V)

(für 4 Personen)

ZUTATEN

2	große Auberginen
1/2	Knoblauchzehe, gepresst
2	Tomaten, gehäutet, entkernt und gewürfelt
2	Frühlingszwiebeln, in dünne Ringe geschnitten
4 EL	Olivenöl
•	Zitronensaft nach Geschmack
•	Pfeffer & Salz
2 EL	Petersilie, fein gehackt

Den Ofen auf 225 °C vorheizen.

Die Auberginen waschen und auf einem **Blech** in der Mitte des Ofens in ca. 20 Minuten gar und weich backen. Zwischendurch umdrehen.

Die Auberginen aus dem Ofen nehmen, etwas abkühlen lassen, danach halbieren und aushöhlen.

In der **Küchenmaschine** oder mit dem **Stabmixer** das ausgehöhlte Fruchtfleisch pürieren. Dann Knoblauch, Tomatenwürfel und Zwiebeln dazugeben, umrühren und tropfenweise das Öl unterrühren. Mit Zitronensaft, Pfeffer und Salz abschmecken und zum Schluss die Petersilie hinzufügen.

🍴 EMPFEHLUNG

Dieses Gericht passt wunderbar zu Fleischgerichten.

BLUMENKOHL & BROKKOLI BLANCHIERT

(für 4 Personen)

ZUTATEN

250 g	Brokkoli, nur die Röschen
250 g	Blumenkohl, nur die Röschen
2 EL	Hühnerbouillon (siehe Rezept Seite 106)
•	Pfeffer & Salz
1 Prise	Muskatnuss

In ein rechteckiges **Mikrowellengefäß** abwechselnd eine Reihe Brokkoliröschen und eine Reihe Blumenkohlröschen diagonal arrangieren.

Die Bouillon darüber träufeln, mit **Mikrowellenfolie** abdecken und in der **Mikrowelle** auf höchster Stufe in ca. 5–6 Minuten bissfest kochen.

Das Blumenkohl-Brokkoli-Gemüse mit Pfeffer und Salz würzen und – wer das schätzt – auch mit Muskatnuss.

FRÜHLINGSKOHLRABI (V)

(für 2 Personen)

ZUTATEN

2	kleine junge Kohlrabi, geschält und in dünne Streifen geschnitten
1	Frühlingszwiebel, in feine Ringe geschnitten
3 EL	Wasser
1 EL	Petersilie, fein gehackt
•	Pfeffer & Salz

Den Kohlrabi mit der Zwiebel und dem Wasser vermischen und in einen **Mikrowellentopf** geben. Mit Deckel oder **Mikrowellenfolie** abdecken und in der **Mikrowelle** ca. 6 Minuten auf höchster Stufe gar, aber nicht weich dünsten.

Kurz nachgaren lassen, Petersilie unterrühren und mit Pfeffer und Salz abschmecken.

Falls Sie nicht im Besitz eines Mikrowellenherdes sind, können Sie dieses Gericht wie gewohnt in wenig Wasser kochen und nachher das überflüssige Wasser abgießen.

GEBACKENE SELLERIEKNOLLE (V)

(für 2 Personen)

ZUTATEN

1	Sellerieknolle
•	Saft von 1 Limone oder Zitrone
2 EL	Olivenöl
1 Messerspitze	Curry
•	Pfeffer & Salz

In einem Topf Wasser mit Salz und Zitronensaft zum Kochen bringen.

Die Sellerieknolle schälen, halbieren und in Scheiben schneiden.

Die Sellerieschciben sofort in dem kochenden Zitronenwasser 5 Minuten blanchieren, damit sie nicht braun werden. Dann durch ein Sieb abgießen und abtropfen lassen.

In einer Pfanne das Öl erhitzen und den Curry kurz anbraten.
Die Selleriescheiben in dem Curry-Öl rundherum gelb und knusprig braten.

GEBACKENER CHICORÉE (V)

(für 2 Personen)

ZUTATEN

8 kleine Chicoréestauden, längs halbiert
1 EL Öl
- ein Schuss Wein oder Wasser
- Pfeffer & Salz
- Muskatnuss

In einer Pfanne oder einem Wok das Öl erhitzen, darin die Chicoréehälften von beiden Seiten goldbraun anbraten und bei mäßiger Hitze 3-4 Minuten dünsten, bis sie gar sind.

Damit sie nicht verbrennen, bei Bedarf noch einen Schuss Wein oder Wasser zugießen.

Mit Pfeffer, Salz und Muskatnuss bestreuen.

GEMÜSE-TAGLIATELLE

(für 2 Personen)

ZUTATEN

1 Zucchini
1 Porreestange
5 EL (Geflügel-)Bouillon

Mit einem **Kartoffel- oder Spargelschäler** von der Zucchini der Länge nach tagliatelle-förmige Streifen abziehen.

Auch den Porree der Länge nach in tagliatelle-förmige Streifen schneiden.

Das Gemüse in einen **Mikrowellentopf** legen, die Bouillon dazugeben und zugedeckt ca. 5 Minuten auf dem höchsten Stand bissfest kochen.
Dann die „Gemüse-Tagliatelle" in einem Sieb abtropfen lassen und auf den vorgewärmten Tellern anrichten.

Falls Sie nicht im Besitz eines **Mikrowellenherdes** sind, kochen Sie das Gemüse wie gewohnt in wenig Bouillon bissfest und gießen nachher das überflüssige Wasser ab.

 EMPFEHLUNG

Hierzu schmecken Pesto (siehe Rezept Seite 51) und alle anderen (ungebundenen) Pastasaucen.

GRÜNE BOHNEN IN KRÄUTERSAHNE (V)

(für 6 Personen)

ZUTATEN

1 kg	grüne Bohnen, geputzt, abgezogen und 5 Minuten blanchiert
1 EL	Olivenöl
1	Knoblauchzehe, fein gehackt
1	Frühlingszwiebel, in feine Ringe geschnitten
1/2 Becher (60 g)	Crème fraîche
1 EL	Petersilie, fein gehackt
1 EL	Bohnenkraut, fein gehackt
•	Pfeffer & Salz

In einer Pfanne oder einem **Wok** das Öl erhitzen, darin Knoblauch und Zwiebel kurz anbraten. Die blanchierten Bohnen zufügen und das Ganze nochmals erhitzen.

Die Pfanne von der Kochstelle nehmen, erst Crème fraîche, dann Petersilie und Bohnenkraut unterrühren und mit Pfeffer und Salz abschmecken.

 TIPP

Die Sauce kann getrennt zu den Bohnen serviert werden.

GRÜNE BOHNEN MIT TOMATEN (V)

Siehe Foto vor Seite 161
(für 4 Personen)

ZUTATEN

1 EL	Olivenöl
1	Knoblauchzehe, in Scheiben geschnitten
1	Peperoni, entkernt und in feine Ringe geschnitten
4	große Tomaten, gehäutet, entkernt und in Streifen geschnitten
400 g	grüne Bohnen, geputzt, abgezogen und in Salzwasser blanchiert
4	Salbeiblätter, klein geschnitten
•	Pfeffer & Salz

GARNIERUNG

1	Tomate, in Streifen geschnitten
•	einige Salbeiblätter

In einer Pfanne oder einem **Wok** das Öl erhitzen, darin Knoblauch und Peperoni anbraten. Die Tomaten dazugeben und mitdünsten. Nun die blanchierten grünen Bohnen unterrühren, das Ganze nochmals kurz erhitzen und mit Pfeffer und Salz abschmecken.

GRÜNKOHLEINTOPF

Siehe Foto nach Seite 176

(für 4 Personen)

Auch Nichtvegetarier werden Hackfleisch oder Räucherspeck in diesem Gericht überhaupt nicht vermissen, denn es schmeckt auch „ohne" sehr lecker.

Liebhaber von deftiger Winterkost können zu diesem Eintopf außerdem knusprige Rippchen aus dem Ofen servieren. Aber bedenken Sie, dass die Rippchen mindestens 2 Stunden im Ofen brutzeln müssen.

Beide Rezepte werden hier beschrieben.

EINTOPF

ZUTATEN

2 EL	Olivenöl
50 g	magerer Räucherspeck, fein gewürfelt
300 g	Hackfleisch vom Rind
1	Knoblauchzehe, fein gehackt
1	rote Peperoni, entkernt und in feine Ringe geschnitten
1	rote Zwiebel, in Streifen geschnitten
1	kleine Sellerieknolle, in dünne Streifen geschnitten
300 g	Grünkohl, gründlich gewaschen und geschnitten
50 ml	Bouillon
•	Pfeffer & Salz

In einem Topf das Olivenöl erhitzen, darin die Speckwürfel knusprig anbraten, das Hackfleisch hineingeben und ebenfalls anbraten. Knoblauch, Peperoni, Zwiebel und Sellerie zugeben, gut verrühren und einige Minuten köcheln lassen. Dann den Grünkohl untermischen, Bouillon zugießen, nochmals umrühren und zugedeckt in ca. 30 Minuten gar werden lassen. Mit Pfeffer und Salz abschmecken.

Fortsetzung ☛

RIPPCHEN

ZUTATEN

1–1 1/2 kg	Schweinerippchen, in 4–8 gleichmäßige Stücke zerteilt
1 EL	Sojasauce
•	Pfeffer & Salz

Den Ofen auf 100 °C vorheizen.

Die Rippchen mit der Soja-Sauce einpinseln, in eine große **feuerfeste Form** legen, in den Ofen schieben (nicht abgedeckt) und in ca. 2 Stunden braun und knusprig backen. Je länger die Rippchen brutzeln, desto besser schmecken sie – aber passen Sie auf, dass sie nicht verbrennen.

KNOBLAUCHTOMATEN AUS DEM OFEN (V)

(für 4 Personen)

ZUTATEN

8 Tomaten
3 Knoblauchzehen, fein gehackt
2 EL Olivenöl
• schwarzer Pfeffer, frisch gemahlen

Den Ofen auf 200 °C vorheizen.

Das Öl mit dem Knoblauch verrühren und damit eine **feuerfeste Form** einfetten.

Die Tomaten waschen, Stielansätze herausschneiden und von der unteren Seite eine Scheibe abschneiden, damit sie besser stehen bleiben. Mit einem scharfen Messer die Tomaten an der oberen Seite über Kreuz einritzen und dicht nebeneinander in die Form setzen.

Über die Tomaten schwarzen Pfeffer mahlen und das restliche Knoblauchöl verteilen.
 Die Tomaten ca. 10 Minuten in den Ofen schieben, durch und durch erhitzen, aber nicht gar werden lassen.

LUFTIGER WIRSINGKOHL (V)

(für 4 Personen)

ZUTATEN

600 g	Wirsingkohl, in Streifen geschnitten
1 EL	Öl
1	Schalotte oder Zwiebel, fein gehackt
2 EL	Crème fraîche
125 g	Schlagsahne, steif geschlagen
•	Pfeffer & Salz
•	einige Kümmelkörner

In einem großen Topf reichlich Salzwasser zum Kochen bringen und darin den Kohl ca. 3 Minuten blanchieren. Den Kohl durch ein Sieb abgießen, mit kaltem Wasser abspülen und abtropfen lassen.

In einer Pfanne das Öl erhitzen und darin die Schalotte bzw. Zwiebel anschwitzen, den blanchierten Kohl zugeben und das Ganze ca. 3 Minuten dünsten.

Nun die Crème fraîche unter den Kohl rühren, mit Pfeffer und Salz und – wer es mag – auch noch mit etwas Kümmel abschmecken.

Die Pfanne vom Feuer nehmen, die Schlagsahne unterheben und direkt auf den vorgewärmten Tellern anrichten und servieren.

PIKANTER BROKKOLI (V)

(für 2 Personen)

ZUTATEN

300 g	Brokkoli
1 EL	Olivenöl
1	Knoblauchzehe, klein geschnitten
1/2	Peperoni, entkernt und in feine Ringe geschnitten
1	rote Zwiebel, in Streifen geschnitten
1/2 Bund	Koriander, fein gehackt

Von den Brokkoliröschen die Stiele abschneiden und die Röschen beiseite stellen.

Die Stiele schälen und in dünne Scheiben oder Streifen schneiden.

In einer Pfanne oder einem Wok das Öl erhitzen und darin Knoblauch, Peperoni und die rote Zwiebel kurz anbraten. Dann die klein geschnittenen Brokkolistiele zugeben und ebenfalls kurz anbraten. Etwas Wasser zugießen und das Ganze zugedeckt bei mäßiger Hitze 5 Minuten dünsten.

Nun die Brokkoliröschen zufügen und diese in 5 Minuten bissfest werden lassen.

Den Koriander hinzufügen und nochmals kurz erhitzen.

SAUERKRAUT GEDÜNSTET (V)

(für 4 Personen)

ZUTATEN

1 EL	Öl
1	große Zwiebel, in Ringe geschnitten
800 g	Sauerkraut
100 ml	Weißwein oder (Geflügel-)Bouillon (siehe Rezept Seite 105/106)
•	Majoran, Kümmel und 2 Lorbeerblätter
125 g	Crème fraîche

In einem Topf das Öl erhitzen und darin die Zwiebel kurz andünsten.

Sauerkraut, Wein bzw. Bouillon, Majoran, Kümmel und Lorbeerblätter dazugeben, alles gut umrühren und zugedeckt in ca. 20 Minuten gar dünsten.

Die Lorbeerblätter herausnehmen und – nach Wunsch – Crème fraîche unterheben.

SELLERIEPÜREE (V)

(für 4 Personen)

ZUTATEN

- 2 Sellerieknollen, geschält und
  in Stücke geschnitten
- • Wasser oder Bouillon
- 1 EL Öl
- 1 Zwiebel, gewürfelt
- 2 Stangen Staudensellerie, abgezogen und
  in dünne Scheiben geschnitten
- 1 EL Selleriegrün, fein gehackt

Die Selleriestücke in wenig Wasser oder Bouillon ca. 45 Minuten weich kochen.

In einem Topf das Öl erhitzen, darin bei mäßiger Hitze Zwiebeln und Staudensellerie 5 Minuten andünsten.

In der **Küchenmaschine** oder mit dem **Stabmixer** den Sellerie pürieren und „für den Biss" die gedünsteten Stückchen Staudensellerie unterrühren.
Mit Pfeffer und Salz abschmecken und mit Selleriegrün garnieren.

GRÜNKOHLEINTOPF – Rezept auf Seite 170

NUDELN MIT ROTER SAUCE – Rezept auf Seite 183

SOJASPROSSEN AUS DEM WOK (V)

(für 2 Personen)

ZUTATEN

250 g Sojasprossen
1/2 EL Öl
1/2 Peperoni, entkernt und in feine Ringe geschnitten
1 rote Zwiebel, in kleine Stücke geschnitten
• Pfeffer & Salz
1/2 EL Zitronensaft

In einem **Wok** das Öl erhitzen und darin Zwiebel und Peperoni ca. 2 Minuten anbraten. Dann die Sojasprossen dazugeben und ebenfalls kurz anbraten – eigentlich nur so lange, dass sie gerade heiß werden.

Mit Pfeffer, Salz und ein paar Tropfen Zitronensaft abschmecken.

WEISSE RÜBCHEN (V)

(für 2 Personen)

ZUTATEN

4	weiße Rübchen, in dünne Stifte geschnitten
1/2 EL	Öl
•	ein Hauch Safranpulver
1	Frühlingszwiebel, in feine Ringe geschnitten

In einer Pfanne das Öl erhitzen und das Safranpulver unterrühren. Die weißen Rübchen in dem gelben Öl kurz anbraten und bei mäßiger Hitze zugedeckt ca. 10 Minuten gar und weich werden lassen.

Mit Pfeffer und Salz abschmecken.

WIRSINGPÜREE

(für 2 Personen)

ZUTATEN

50 g	magerer Räucherspeck, in dünne Scheiben geschnitten
1 EL	Olivenöl
500 g	Wirsingkohl, in Stücke geschnitten
1	Porreestange, in Stücke geschnitten
5 EL	Bouillon (siehe Rezept Seite 105) oder Wasser
1 EL	getrocknete italienische Kräuter: Thymian, Oregano, Majoran
•	Pfeffer & Salz

In einer Pfanne die Speckscheiben ausbacken, bis kein weißes Fett mehr übrig ist. Die Speckscheiben aus der Pfanne nehmen, zerkrümeln und beiseite stellen.

Das Olivenöl zu dem Speckfett geben, erhitzen und darin Kohl und Porree ganz kurz anbraten.
Die Bouillon zugießen, eventuell mit etwas Salz würzen und gut umrühren.

Das Gemüse zugedeckt in ca. 20 Minuten gar und weich werden lassen.

In einer **Küchenmaschine** oder mit dem **Stabmixer** das Gemüse pürieren, die italienischen Kräuter und die Speckkrümel unterheben.

Das Wirsingpüree nach Bedarf mit Pfeffer und Salz abschmecken und servieren.

KOHLENHYDRATGERICHTE

Die hier folgenden Rezepte sind für die warme Kohlenhydratmahlzeit in Phase I bestimmt, in der gute Kohlenhydrate mit einem GI bis 50 und Fette strikt getrennt gegessen werden.*

Gemüse bzw. Gemüsesaucen werden entweder mit Vollkornnudeln oder mit Naturreis kombiniert.** In den verschiedenen Rezepten wird jedesmal eine Empfehlung gegeben, mit welchem Gemüse man das jeweilige Gericht kombinieren kann. Natürlich ist diese Empfehlung nicht bindend.

In Bezug auf die Zubereitung der Kohlenhydratgerichte noch einige Hinweise:

Für die Gemüsegerichte aus dieser Rubrik gibt es verschiedene Zubereitungsmöglichkeiten:

- Im Ofen dauert die Zubereitung zwar etwas länger, aber das Ergebnis ist dafür besonders köstlich. Der Geschmack des Gemüses ist viel intensiver, es behält trotz der längeren Garzeit (mindestens 2 Stunden), bei niedriger Temperatur, seine Konsistenz und seinen Biss. Mehr Arbeitsaufwand haben Sie auch nicht: Sie schieben das Gemüse in den Ofen und warten, bis es fertig ist. Gemüse braucht mindestens 2 Stunden, bis es gar ist und die gewünschte Konsistenz erreicht hat.
- Im Topf auf dem Herd werden alle Zutaten, eventuell mit einigen Esslöffeln Flüssigkeit (Wasser oder fettfreie Bouillon***), zum Kochen gebracht und bei mäßiger Hitze gegart. Die Garzeit beträgt hier circa 45 bis 60 Minuten.
- Beim Garen in der Mikrowelle wird das Gemüse in einem dafür geeigneten Gefäß, ohne extra Flüssigkeit und nicht abgedeckt (auf der höchsten Stufe bei ca. 800 Watt), zum Kochen gebracht. Das Gemüse wird einmal gut umgerührt, abgedeckt und wieder in der Mikrowelle in circa 10 Minuten bissfest gedünstet.

Falls bei den beiden letzten Methoden das Gemüse noch zu viel Flüssigkeit enthält, kann man diese bei großer Hitze verdampfen lassen.

Für eine echte Sauce kann man das Gemüse in der Küchenmaschine oder mit dem Stabmixer pürieren. Porree und Zwiebeln z. B. sind gute Bindemittel. Um der Sauce anschließend noch den nötigen „Biss" zu geben, stellen Sie vor dem Pürieren etwas von dem Gemüse (Porree, Tomate, Frühlingszwiebel, Champignons) beiseite und rühren es später wieder unter die Sauce. In Phase II kann man das Gericht mit einem Esslöffel Öl, etwas geriebenem Käse oder einigen Scheiben Rauchfleisch oder Hähnchenfilet sahniger bzw. herzhafter machen.

*   Sehr gute Kohlenhydrate GI bis 35 können jedoch mit guten Fetten kombiniert werden.
**   Montignac-Produkte finden Sie im Anhang
***   Siehe Rezept S. 105

NUDELN MIT FLAGEOLETBOHNEN (V)

(für 2 Personen)

ZUTATEN

150 g Vollkornnudeln
- fettfreie Bouillon (siehe Rezept Seite 105) oder Wasser zum Kochen der Nudeln
3 Stangen Staudensellerie, abgezogen und in Streifen geschnitten
1 Zwiebel, in Streifen geschnitten
1 Porreestange, in Ringe geschnitten
200 g gekochte Flageoletbohnen
1 Knoblauchzehe, gepresst
- Zitronensaft
- Pfeffer & Salz
2 EL Selleriegrün, fein gehackt

In einem Topf mit kochender Bouillon oder Wasser die Nudeln nach den Anweisungen auf der Verpackung kochen.
In den letzten 5 Minuten Sellerie, Zwiebeln und Porree dazugeben.

Nudeln und Gemüse in einem Sieb abtropfen lassen.

Jetzt die Flageoletbohnen in dem Topf erhitzen, dann die Nudeln mit dem Gemüse vorsichtig unterheben und mit Knoblauch, etwas Zitronensaft und Pfeffer und Salz abschmecken.

Auf den vorgewärmten Tellern anrichten und mit Selleriegrün garnieren.
Mit Tomatenscheiben servieren.

NUDELN MIT ROTER SAUCE (V)

Siehe Foto vor Seite 177
(für 4 Personen)

ZUTATEN

300 g Vollkornnudeln
  • fettfreie Bouillon (siehe Rezept Seite 105) oder Wasser zum Kochen der Nudeln

SAUCE

800 g Tomaten, enthäutet und in dicke Scheiben geschnitten
1 rote Peperoni, entkernt und in feine Streifen geschnitten
1 Knoblauchzehe, in kleine Scheiben geschnitten
1 rote Zwiebel, in Scheiben geschnitten
1 Aubergine, in Scheiben geschnitten
200 g (braune) Champignons, in kleine Scheiben geschnitten
1 EL getrocknete italienische Kräuter oder Kräuter der Provence
2 Lorbeerblätter
  • Pfeffer & Salz

GARNIERUNG

1 Frühlingszwiebel, in feine Ringe geschnitten
2 EL fein gehackte grüne Kräuter: Basilikum, Kerbel, Petersilie, Salbei oder Minze
4 EL Magerquark

Den Ofen auf 100 °C vorheizen.

SAUCE

Den Boden einer **feuerfesten Form** mit einer Schicht Tomaten belegen, Knoblauch und Peperoni darüber verteilen. Hierüber eine Schicht Zwiebeln, Pfeffer und Salz, die getrockneten Kräuter und die Lorbeerblätter geben. Jetzt die Auberginenscheiben und darauf wieder Zwiebelringe, Champignons und Tomaten schichten.

Die Form in den Ofen schieben und das Gemüse 2 Stunden im Ofen garen.

bitte umblättern ☞

183

NUDELN

In einem Topf mit reichlich Wasser die Nudeln nach den Anweisungen auf der Verpackung kochen (Vollkornnudeln schmecken besser, wenn sie richtig gar sind).

In einer Schüssel Frühlingszwiebel und grüne Kräuter mit dem Quark verrühren und später das Gericht damit garnieren.
 Die Gemüsesauce getrennt zu den Nudeln servieren.

REIS MIT GRÜNER SAUCE (V)

(für 4 Personen)

In diesem Rezept wird die Sauce auf dem Herd zubereitet, aber im Prinzip kann sie auch im Ofen gar gedünstet werden. Siehe hierzu die Anweisungen in dem Rezept für „Nudeln mit roter Sauce" (siehe Rezept Seite 183)

ZUTATEN

250 g	Naturreis
3	Frühlingszwiebeln, in Ringe geschnitten
1 EL	Petersilie, fein gehackt
•	fettfreie Bouillon (siehe Rezept Seite 105) oder Wasser zum Reis kochen

SAUCE

250 g	Brokkoli
250 g	Blumenkohl
3 Stangen	Staudensellerie, abgezogen und in dünne Scheiben geschnitten
1	Porreestange, in Stücke geschnitten
1	große Zwiebel, in Stücke geschnitten
1	Knoblauchzehe, fein gehackt
1	rote Peperoni, entkernt und fein gehackt
50 ml	Wasser oder Bouillon (siehe Rezept Seite 105)
•	Pfeffer & Salz
•	Muskatnuss

Fortsetzung ☛

In einem Topf mit kochender Bouillon oder Wasser den Reis nach den Anweisungen auf der Verpackung kochen. Die Zwiebelringe und Petersilie unter den Reis rühren.

SAUCE

Brokkoli und Blumenkohl in Röschen zerteilen, die Stiele abschneiden und die Röschen kurz in kochendem Wasser blanchieren und beiseite stellen.

Die Brokkoli- und Blumenkohlstiele schälen und in Stücke schneiden.

Sellerie, Porree, Brokkoli- und Blumenkohlstiele, Zwiebel, Knoblauch, Peperoni und die Bouillon in einen Topf geben, zum Kochen bringen und zugedeckt ca. 30 Minuten bei mäßiger Hitze weich kochen. In der **Küchenmaschine** oder mit dem **Stabmixer** das Gemüse zu einer dicken Sauce pürieren und mit Pfeffer, Salz und eventuell etwas Muskatnuss abschmecken. Brokkoli- und Blumenkohlröschen dazugeben und nochmals kurz erhitzen.

Die grüne Sauce getrennt zum Reis servieren.

RISOTTO MIT PILZEN (V)

(für 2 Personen)

Dieses Gericht kommt geschmacklich am besten zur Geltung, wenn es in der Mikrowelle zubereitet wird. Der Geschmack der Pilze ist dann viel intensiver als bei der Zubereitung ohne Fett auf dem Herd.

Wenn Sie den Risotto auf dem Herd zubereiten wollen, kochen Sie zuerst den Reis mit dem Gemüse in der Bouillon und geben 10 Minuten vor der Fertigstellung des Gerichtes die rohen Pilze zu.

ZUTATEN

150 g	Naturreis, gewaschen und abgetropft
1	Knoblauchzehe, fein gehackt
1	Porreestange, in Ringe geschnitten
1	Zwiebel, in Ringe geschnitten
100 ml	fettfreie Bouillon (siehe Rezept Seite 105) oder Wasser
100 ml	Weißwein
50 g	getrocknete Pilze, z.B. Morcheln
300 g	frische Pilze: Shiitake, Austernpilze, braune Champignons
1	Frühlingszwiebel, in Streifen geschnitten
•	Pfeffer & Salz
2 EL	grüne Kräuter: Petersilie, Kerbel, Sellerie

Die getrockneten Pilze abspülen und nach Anweisung in wenig Wasser (ca. 50 ml) einweichen. Den Sand aus dem Einweichwasser sieben und die Flüssigkeit beiseite stellen.

Knoblauch, Zwiebel und Porree in ein hohes **Mikrowellengefäß** geben und ohne Zugabe von Flüssigkeit unbedeckt auf höchster Stufe erhitzen. In der eigenen Flüssigkeit 1 Minute dünsten lassen. Dann den gewaschenen Reis dazugeben, alles gut umrühren und 2 Minuten in dem Gemüsesaft auf höchster Stufe unbedeckt dünsten.

Den Reis aus der **Mikrowelle** nehmen, nochmals umrühren, das Pilzwasser, Wein und Bouillon dazugeben und wieder unbedeckt zum Kochen bringen. Nach erneutem Umrühren den Reis mit Deckel oder Folie abdecken und auf höchster Stufe 5 Minuten weich kochen.

Fortsetzung ☛

Das Gericht außerhalb der Mikrowelle ein paar Minuten nachgaren lassen.

Die frischen Pilze mit einer **Champignonbürste** oder **Küchenpapier** vom Sand befreien und in Scheiben schneiden. Zusammen mit den eingeweichten Pilzen in ein kleines Mikrowellengefäß geben und ohne Deckel ca. 3 Minuten auf höchster Stufe in der Mikrowelle dünsten.

Pilze und Frühlingszwiebel unter den Reis mengen, bei Bedarf mit Pfeffer und Salz abschmecken und die grünen Kräuter unterheben.

DESSERTS / NACHSPEISEN

In **Phase I** *sind Desserts – außer Käse – ein „Verstoß" gegen die Regeln. Nur im besonderen Ausnahmefall können Sie am Ende von Phase I eine süße Nachspeise essen – und dann auch nur in sehr kleinen Mengen. Desserts, in denen Zucker oder Honig verarbeitet ist, sollten absolut vermieden werden. Die in diesem Kapitel beschriebenen süßen Desserts sind in Phase II erlaubt. Der Genuss von herzhaften Nachspeisen ist in Phase I (nach einer Mahlzeit mit Fett) möglich.*

Die Nachspeisen sind in die Abschnitte „süß" und „herzhaft" eingeteilt.

Süß (Phase II)

BEERENFRÜCHTE MIT VANILLESAHNE (V)

(für 2 Personen)

ZUTATEN

250 g	Brombeeren, Heidelbeeren und/oder Himbeeren
125 g	saure Sahne
1/2	Vanilleschote

Mit einem scharfen Messer die Vanilleschote längs einritzen, das Mark herauskratzen, unter die saure Sahne rühren und zu den Früchten servieren.

BROMBEER-KALTSCHALE (V)

(für 4 Personen)

ZUTATEN

750 g Brombeeren
- Saft von 1/2 Zitrone oder Limone
- (Süßstoff nach Bedarf)

GARNIERUNG

12–16 schöne Brombeeren
125 g Crème fraîche oder Schlagsahne
- einige Blättchen Minze

In einem Topf die Brombeeren mit dem Zitronensaft und etwas Wasser zum Kochen bringen (in der **Mikrowelle** auf höchster Stufe).

Bei Bedarf mit etwas Süßstoff abschmecken.

Zum Entfernen der Kernchen die Brombeeren durch ein Sieb passieren und dann kalt werden lassen.

Die Brombeer-Kaltschale in Suppenschalen oder tiefe Teller füllen, einen Tupfer Crème fraîche oder Schlagsahne in die Mitte setzen und mit den restlichen Brombeeren und Minzeblättchen garnieren.

Diese Kaltschale schmeckt auch mit roten bzw. schwarzen Johannisbeeren oder Heidelbeeren.

189

ERDBEER-JOGHURT-EIS (V)

Siehe Foto nach Seite 192
(für 4 Personen)

Die Erdbeeren brauchen zum Gefrieren mindestens 2 Stunden. Dieses Eis schmeckt am besten, wenn es kurz vor dem Verzehr d. h. zwischen zwei Gängen zubereitet wird. Bei der eigentlichen Zubereitung handelt es sich nur um Sekunden. Allerdings benötigt man dazu eine Küchenmaschine.

ZUTATEN

500 g   reife Erdbeeren
100 g   Crème fraîche, aus dem Kühlschrank
200 g   Joghurt (Vollmilch) aus dem Kühlschrank

GARNIERUNG

4   schöne Erdbeeren
4 Zweige   Zitronenmelisse

Die Erdbeeren vorsichtig säubern, die Stiele entfernen und nebeneinander auf eine **flache (Gefrier-)Platte** legen. Die Platte mit den Erdbeeren ungefähr 2 Stunden in den **Gefrierschrank** stellen. Kurz vor Gebrauch die gefrorenen Erdbeeren in der **Küchenmaschine** in Stücke hacken.

Die kalte Crème fraîche mit dem Joghurt locker verrühren und zu den Erdbeeren in die rotierende **Küchenmaschine** geben.

Durch die tiefgekühlten Erdbeeren gefriert die Masse sofort, und es entsteht ein herrlich frisches und cremiges Fruchteis.

Das Erdbeer-Joghurt-Eis mit einem kleinen **Eislöffel** in **Eisbecher** oder Portionsgläser verteilen und mit einer Erdbeere und einem Zweig Zitronenmelisse garnieren.

Falls Sie nicht über eine Küchenmaschine verfügen, bereiten Sie das Eis so zu:

Die Erdbeeren in sehr kleine Stücke schneiden, unter die Joghurtmasse heben und in ca. 2 1/2 Stunden gefrieren lassen.

Auf dieselbe Weise können auch Johannisbeeren, Brombeeren und Himbeeren zu diesem köstlich frischen Sommerdessert verarbeitet werden.

Fortsetzung ☛

Wenn Sie anstatt der Crème fraîche und des Vollmilchjoghurts ausschließlich Magermilchprodukte verwenden, können Sie dieses Eis in Phase I nach einer Kohlenhydratmahlzeit essen.

 TIPP

Lassen Sie die Erdbeeren nicht zu lange im **Gefrierschrank**. Sie werden dann zu hart und könnten die Küchenmaschine beschädigen.

EXOTISCHES RHABARBERKOMPOTT
MIT VANILLEQUARK (V)

(kleine Ausnahme)

ZUTATEN

1 kg	Rhabarber, gewaschen und in Stücke geschnitten
•	etwas Kardamomsaat, gepellt
•	(Süßstoff nach Bedarf)
250 g	Quark (Vollmilch)
1	Vanilleschote

Den Rhabarber in einem Topf ohne Wasser zum Kochen bringen, Kardamom dazugeben und unter gelegentlichem Rühren bei mäßiger Hitze 5 Minuten mitkochen lassen.

In eine große Glasschüssel füllen und abkühlen lassen.

Mit einem scharfen Messer die Vanilleschote längs einritzen, das Mark herauskratzen und unter den Quark rühren.

Den Vanillequark getrennt zu dem gekühlten Rhabarberkompott reichen.

 TIPP

In Phase I können Sie diese Nachspeise auch nach einer Kohlenhydratmahlzeit servieren. Allerdings wird der Vanillequark dann mit Magerquark zubereitet.

MOUSSE AU CHOCOLAT (V)

(für 4 Personen)

In diesem Buch wurden sonst keine Rezepte aus anderen Montignac-Büchern übernommen, aber bei diesem köstlichen Rezept für Mousse au chocolat habe ich eine Ausnahme gemacht. Hier wird die Zubereitung in der Mikrowelle beschrieben. Wenn Sie an anderen Rezepten auf der Basis von Bitterschokolade interessiert sind, finden Sie diese in dem Buch: „Montignac Rezepte und Menüs" (erschienen im Artulen Verlag, Offenburg).

ZUTATEN

200 g	Bitterschokolade (mit mindestens 70 % Kakaoanteil), in kleinen Stücken
4	Eier, Eiweiß und Eigelb getrennt
1 EL	Rum
50 ml	Kaffee (entkoffeiniert)
•	1 Prise Salz
•	die abgeriebene Schale einer unbehandelten Orange (nach Belieben)

GARNIERUNG

4 EL	Schlagsahne
•	Bitterschokolade (mindestens 70 % Kakaoanteil) zum Raspeln
•	einige Blättchen Zitronenmelisse

Die Schokolade, den Kaffee und den Rum in einen abgedeckten **Mikrowellentopf mit Handgriff** geben und in der **Mikrowelle** erhitzen bis die Schokolade geschmolzen ist. Zwischendurch umrühren.

Die Schokoladenmasse herausnehmen, nochmals gut umrühren und abkühlen lassen, bis sie lauwarm ist. Unter ständigem Rühren einzeln die Eigelbe zufügen. Nach Belieben etwas abgeriebene Orangenschale unterrühren.

Eiweiß mit einer Prise Salz steif schlagen und vorsichtig unter die abgekühlte Schokoladenmasse heben, so dass eine lockere Creme entsteht.

Die Mousse au chocolat in Portionsgläser oder eine große Schüssel füllen und mindestens 5 Stunden in den Kühlschrank stellen, damit sie fest wird.

Vor dem Servieren mit etwas geraspelter Schokolade, Zitronenmelisse und – falls gewünscht – einem Tupfer Schlagsahne garnieren.

ERDBEER-JOGHURT-EIS – Rezept auf Seite 190

„SANDWICHES" AUS DEM OFEN – Rezept auf Seite 203

MOUSSE AUS GETROCKNETEN PFLAUMEN (V)

(für 4 Personen)

Die Mousse muss mindestens 3–4 Stunden im Kühlschrank stehen, um abzu-kühlen und fest zu werden.

ZUTATEN

250 g   getrocknete Pflaumen
• Saft von 1 Zitrone
125 g   saure Sahne

GARNIERUNG

4 EL   Schlagsahne
• Bitterschokolade (mindestens 70 % Kakaoanteil) zum Raspeln

Die Pflaumen in einen **Mikrowellentopf** geben, Zitronensaft und nur so viel Wasser zufügen, dass die Pflaumen gerade bedeckt sind.

Die Pflaumen zum Kochen bringen, einmal umrühren, abkühlen lassen und entsteinen. In der **Küchenmaschine** oder mit dem **Stabmixer** pürieren.

Die saure Sahne luftig aufschlagen und unter das Pflaumenpüree heben.

Die Mousse mindestens 3–4 Stunden kalt stellen, damit sie fest wird.

Anstatt getrockneter Pflaumen können Sie auch getrocknete Aprikosen ver-wenden. Die Arbeitsweise bleibt unverändert.

PFIRSICHGRATIN (V)

(für 4 Personen)

Das Resultat wird besser, wenn man den Teig mindestens 1/2 Stunde ruhen lässt. Für die Backzeit müssen Sie ca. 45 Minuten rechnen.

ZUTATEN

- 4 große Pfirsiche, geachtelt
- 2 Eier
- 2 EL Sahnequark
- 5 EL Schlagsahne
- 1 EL Vollkornmehl
- 1 Vanilleschote
- • 1 Prise Salz
- • Butter zum Einfetten der Form

GARNIERUNG

- • Falls gewünscht, kann zu dem Gratin etwas Schlagsahne oder Crème fraîche serviert werden.

In einer Schüssel die Eier mit dem Quark und der Schlagsahne cremig schlagen und das Mehl unterrühren. Mit einem scharfen Messer die Vanilleschote längs einritzen, das Mark herauskratzen und unter die Quarkmasse rühren. Eventuell mit etwas Salz abschmecken.

Den Teig mindestens 1/2 Stunde ruhen lassen.

Den Ofen auf 160 °C vorheizen.

Eine **feuerfeste Form** einfetten, mit den Pfirsichstücken belegen und den Teig darüber geben.

Im Ofen in ca. 45 Minuten gar und goldbraun werden lassen.

 TIPP

Wer mag, kann auch ein bisschen Schlagsahne dazu essen.

Gratins mit Erdbeeren, Himbeeren und Johannisbeeren sind allgemein bekannt.

In diesem Rezept können die Pfirsiche auch durch Nektarinen, Pflaumen oder Äpfel ersetzt werden. Das Problem der Gärung entsteht hier nicht, da die Früchte ja im Ofen erhitzt werden.

PFLAUMENKUCHEN (V)

(für 2 Tortenböden von ca. 24 cm Durchmesser)

Der Teig muss mindestens 2 Stunden im Kühlschrank ruhen; noch besser wäre es, ihn am Vortag zuzubereiten.

Der Teig bleibt im Kühlschrank sicher 1 Woche haltbar, wobei man das Haltbarkeitsdatum der Butter berücksichtigen sollte.

ZUTATEN

250 g	Vollkornmehl
125 g	kalte Butter, in kleine Stücke geschnitten
1 EL	Fruktose (Fruchtzucker)
1	Prise Salz
1	Ei
1–2 EL	eiskaltes Wasser
•	Butter zum Einfetten der Form
750 g	Pflaumen, halbiert und entkernt
•	Zimt
1 EL	Mandelsplitter
125 g	Schlagsahne oder Crème fraîche

(Die Menge der Pflaumen ist für einen Kuchen berechnet)

TEIGZUBEREITUNG

Die Teigzubereitung erfolgt hier in der **Küchenmaschine**. Wenn Sie keine Küchenmaschine besitzen, können sie den Teig wie gewohnt kneten – am besten mit kalten Händen. Verwenden Sie dann nur das Eigelb und nicht das Eiweiß.

Das Vollkornmehl in die Küchenmaschine geben, darüber die Butterstückchen verteilen, Salz und Fruktose dazugeben. Mit ein paar Umdrehungen grob vermengen, dann unter Rühren durch den Einfüllschacht nacheinander Ei und Eiswasser hineingeben, bis sich ein Teigklumpen bildet. (Beachten Sie bei der Teigzubereitung auch die Gebrauchsanweisung für Ihre Maschine.)

Den Teigklumpen aus der Maschine nehmen, in zwei Portionen teilen und in **Klarsichtfolie** verpackt mindestens 2 Stunden im Kühlschrank ruhen lassen.

bitte umblättern ☞

BELAG UND BACKEN

Den Ofen auf 180 °C vorheizen.

Die **Springform** einfetten, den Teig ausrollen und damit die Form auslegen. Nun die Pflaumen in die Form geben, mit etwas Zimt und den Mandelsplittern bestreuen und im Ofen ca. 40 Minuten backen.

Wenn man möchte, kann man auch etwas ungesüßte Schlagsahne oder Crème fraîche dazu reichen.

QUARKSPEISE MIT ERDBEEREN (V)

(für 4 Personen)

Quark, Joghurt und saure Sahne müssen mindestens 6 Stunden in einem mit Küchenpapier ausgelegten Sieb im Kühlschrank abtropfen. Die Molke enthält nämlich Kohlenhydrate, die nicht in eine Mahlzeit mit Fett passen.

ZUTATEN

100 g	Quark
100 g	Joghurt
100 g	saure Sahne
1	Vanilleschote
250 g	Erdbeeren
•	Limonensaft

GARNIERUNG

4	Erdbeeren
4 Zweige	Zitronenmelisse
1 EL	geröstete Mandelsplitter

Quark, Joghurt und die saure Sahne verrühren.

Mit einem scharfen Messer die Vanilleschote längs einritzen, das Mark herauskratzen und unter die Quarkmasse rühren.

Fortsetzung ☞

Ein Sieb mit einem dünnen **Leinentuch** oder **Küchenpapier** auslegen, in eine Schüssel hängen, die Quarkmasse hineingeben und mindestens 6 Stunden im Kühlschrank abtropfen lassen.

Die Quarkmasse vor Gebrauch mit dem **Mixer** oder Schneebesen luftig aufschlagen.

Die Erdbeeren in dünne Scheiben schneiden, mit etwas Zitronensaft beträufeln und vorsichtig unter die Quarkmasse heben.

Die Quarkspeise auf 4 Portionsgläser oder Schälchen verteilen, mit einer Erdbeere, den gerösteten Mandelsplittern und einem Zweig Zitronenmelisse garnieren.

TIPP

Wenn Sie die Quarkspeise in einer großen Schüssel servieren wollen, können Sie diese sehr dekorativ in eine etwas höhere Glasschale schichten: abwechselnd eine Schicht Quark und dann Erdbeeren und zum Schluss mit Erdbeeren, gerösteten Mandelsplittern und Zitronenmelisse garnieren.

Auch andere (rote) Sommerfrüchte, wie z.B. Himbeeren, Johannisbeeren, Brombeeren und Heidelbeeren eignen sich sehr gut für dieses einfache Dessert.

ZABAIONE (**V**)

(für 2 Personen)

Bei diesem berühmten italienischen Dessert wird in der Montignac-Version der Zucker weggelassen und der Marsala durch Weißwein ersetzt. Um den Geschmack gegebenenfalls etwas spritziger zu machen, kann man Zitronensaft dazugeben. Das Gericht wird im **Wasserbad** *zubereitet.*

ZUTATEN

2	Eigelbe
6 EL	Weißwein
1 EL	Zitronensaft
•	(eventuell etwas Süßstoff)

GARNIERUNG

•	Bitterschokolade (mindestens 70 % Kakaoanteil) zum Raspeln
1 Prise	Zimt oder Kakao

Für das Wasserbad benötigen Sie einen größeren Topf mit kochendem Wasser.

In einem kleineren Topf bzw. einer **hitzebeständigen Schüssel (mit Handgriff)** die Eigelbe mit dem Wein verrühren. Diesen kleineren Topf in das Wasserbad hängen und die Eiermasse unter ständigem Schlagen erhitzen, bis sie luftig und schaumig wird. Das Volumen ist dann ungefähr dreimal so groß.

Die Zabaione auf 2 Portionsgläser verteilen, etwas Schokolade darüber raspeln und mit einer Prise Zimt oder Kakao bestreuen.

 TIPP

Ohne die Schokolade kann diese Nachspeise auch in Phase I nach einer Eiweiß–Fett-Mahlzeit serviert werden.

Herzhaft

Hier einige Vorschläge als Alternative zum herkömmlichen „Käsebrett".

FETA-KÄSE VOM GRILL (V)

(für 2 Personen)

ZUTATEN

2 Scheiben Feta-Käse von 1/2 cm Dicke
1 Knoblauchzehe, fein gehackt
• Paprikapulver, scharf
1 EL Olivenöl

GARNIERUNG

1 EL fein gehackte grüne Kräuter:
Kerbel, Petersilie oder Basilikum
• Pfeffer

Den **Grill** vorheizen.

Den Feta-Käse in ein **feuerfestes Schälchen** legen und darüber Knoblauch verteilen. Mit Paprikapulver bestreuen und etwas Öl beträufeln.

Die Schälchen unter den Grill schieben und ca. 5 Minuten backen.
Den Käse mit den grünen Kräutern garnieren, nach Wunsch mit etwas Pfeffer würzen.

In Phase II können Sie den Käse vor dem Grillen auch noch mit 1 EL Mandelsplittern bestreuen.

Dieses Gericht kann man mit verschiedenen Käsesorten zubereiten, wobei es natürlich auch für die Garnierung zahlreiche Variationsmöglichkeiten gibt.

Folgende Kombinationen wurden bereits vielfach erprobt:
• Kernhem mit Pesto (siehe Rezept Seite 51)
• mittelalter Gouda mit Korianderpaste (siehe Rezept Seite 48)
• Mozzarella mit getrockneten Tomaten (siehe Rezept Seite 98)

KÄSECREME (V)

(für 8–10 Personen)

Die Käsecreme muss mindestens 5 Stunden oder auch länger, z.B. über Nacht, kalt stehen, damit sie fest wird.

ZUTATEN

300 g	Gorgonzola
250 g	Schlagsahne
•	schwarzer Pfeffer aus der Mühle
1 Bund	Minze
1 Bund	Basilikum
3 EL	Olivenöl

GARNIERUNG

- Staudensellerie, abgezogen und in dünne Längsstreifen geschnitten
- Gurke, in Scheiben geschnitten
- Chicorée, die Blätter abgelöst

Den Gorgonzola von der Rinde befreien und durch ein Sieb passieren. Die Schlagsahne steif schlagen, vorsichtig unter den Gorgonzola heben, mit Pfeffer abschmecken und in eine Schale füllen.

Die Käsecreme zugedeckt im Kühlschrank kalt stellen, damit sie fest wird.

Basilikum- und Minzeblättchen fein schneiden und in einem Schälchen mit dem Öl verrühren. Die Käsecreme vor dem Servieren mit dieser Kräutermischung tupfenweise garnieren.

Selleriestreifen, Gurkenscheiben und Chicoréeblätter zu der Käsecreme servieren.

TIPP

In Phase II können Sie unter die fein geschnittenen Basilikum- und Minzeblättchen noch 20 g geröstete, fein gehackte Pinienkerne rühren. Diese Pinien-Kräuter-Mischung kann man auch zu Kügelchen rollen und damit die Käsecreme garnieren.

KÄSE-FENCHEL-SALAT (V)

(für 4 Personen)

ZUTATEN

2 kleine Fenchelknollen,
in dünne Streifen geschnitten
4 dicke Scheiben alter Gouda,
in dünne Streifen geschnitten

DRESSING

100 g griechischer Joghurt
• Zitronensaft
1 EL Fenchelgrün, fein gehackt
• Pfeffer

GARNIERUNG

• etwas Fenchelgrün

In einer Schüssel Fenchel- und Käsestreifen vermengen.

In einer anderen Schüssel Joghurt, Zitronensaft und das fein gehackte Fenchel-grün zu einem glatten Dressing verrühren und unter die Fenchel-Käse-Mischung heben.

Den Käse-Fenchel-Salat auf den Tellern anrichten und mit etwas Fenchelgrün garnieren.

 TIPP

In Phase II können Sie das Dressing außerdem mit ein paar Tropfen Pernod verfeinern, was den Fenchelgeschmack noch intensiviert.

QUARKCREME MIT GARTENKRÄUTERN (V)

(für 4–5 Personen)

Quark, Crème fraîche und saure Sahne müssen mindestens 6 Stunden in einem mit Küchenpapier ausgelegten Sieb im Kühlschrank abtropfen.

ZUTATEN

200 g	saure Sahne
200 g	Sahnequark
200 g	Crème fraîche
1	Knoblauchzehe, gepresst
1 EL	Schnittlauchröllchen
1 EL	Petersilie, fein gehackt
1 EL	andere grüne Kräuter (Oregano, Thymian, Rosmarin), fein gehackt
•	Pfeffer & Salz

GARNIERUNG

1	Gurke, in dünne Scheiben geschnitten
1	Paprikaschote, in dünne Streifen geschnitten
2	Tomaten, in Streifen geschnitten

In einer Schüssel saure Sahne, Quark und Crème fraîche zu einer luftigen Creme verrühren. Knoblauch und die fein geschnittenen Kräuter unterheben und mit Pfeffer und Salz abschmecken.

Ein Sieb mit einem dünnen **Leinentuch** oder **Küchenpapier** auslegen, in eine Schüssel hängen, die Sahne-Quark-Masse hineingeben und mindestens 6 Stunden im Kühlschrank abtropfen lassen.

Vor dem Servieren die Quarkcreme aus dem Sieb auf eine Platte stürzen und mit Gurkenscheiben und den Streifen aus Paprika und Tomate garnieren.

„SANDWICHES" AUS DEM OFEN (**V**)

Siehe Foto vor Seite 193
(für 2 Personen)

ZUTATEN

4 Scheiben	Rettich von ca. 1 cm Dicke
2 Scheiben	mittelalter Gouda von ca. 1/2 cm Dicke
2 Scheiben	Kümmelkäse von ca. 1/2 cm Dicke
2	Salbeizweige
•	etwas Olivenöl
•	Pfeffer & Salz

GARNIERUNG

10	Radieschen

Den Ofen auf 180 °C vorheizen.

2 große Stücke **Alufolie**[*] mit etwas Öl einfetten, hierauf eine Scheibe Rettich legen und mit etwas Pfeffer und Salz bestreuen.

Aus den Käsescheiben mit einem Glas Käseplätzchen (von demselben Durchmesser wie der Rettich) ausstechen. Auf den Rettich erst eine Scheibe Kümmelkäse legen, dann wieder eine Scheibe Rettich und darauf eine Scheibe Gouda. Mit einem Zweig Salbei abschließen und darauf noch etwas Olivenöl träufeln.

Im Ofen ca. 20 Minuten überbacken. Der Käse ist dann geschmolzen.

Zu diesen „Sandwiches" können Sie auch Radieschen reichen.

---

[*] Achten Sie darauf, dass die Folie groß genug ist und nachher auch noch zugefaltet werden kann.

MENÜVORSCHLÄGE

MENÜVORSCHLÄGE

FÜR PHASE I: DIE ABNAHMEPHASE

In Phase I ist es wichtig, sich streng an die Regeln der Methode zu halten, und das umso mehr, wenn Sie viele Pfunde verlieren wollen. Einer der wichtigsten Aspekte ist dabei, dass man gute Kohlenhydrate (GI 35 bis 50) absolut nicht in Kombination mit Fetten essen sollte. (Die Kombination von sehr guten Kohlenhydraten GI bis 35 mit Fetten ist jedoch erlaubt.)

Dabei kann es sehr hilfreich sein, wenn man sich einen Plan der Speisen macht, die man in der ersten Zeit essen darf. Deshalb haben wir in diesem Kapitel einige Vorschläge ausgearbeitet, wie Ihr Speiseplan für die ersten sechs Wochen aussehen könnte.

Für Frühstück und Lunch sind die Hinweise mehr allgemein gehalten. Für die Hauptmahlzeit (das kann mittags oder abends sein) finden Sie konkrete Vorschläge für die ersten sechs Wochen mit Verweis auf Rezepte in diesem Buch.

Frühstück

Wer Obst und Fruchtsäfte lecker findet, kann als Starter ca. eine halbe Stunde vor dem Frühstück mit einer Apfelsine oder einem Glas frisch gepresstem Apfelsinen- oder Grapefruitsaft beginnen oder aber anderes frisches Obst, einen Apfel, Kiwi etc. essen. Warten Sie jedoch danach ca. eine halbe Stunde mit dem Frühstück.

Wenn Sie Ihr Obst lieber zu einem anderen Zeitpunkt essen, dann tun Sie das auf leeren Magen: 3 Stunden nach einer Kohlenhydratmahlzeit oder 4 Stunden nach einer Mahlzeit mit Fett.

Bevor Sie eine der folgenden Mahlzeiten einnehmen, warten Sie ca. eine halbe Stunde:

Wenn Sie sich für eine Kohlenhydratmahlzeit entscheiden, haben Sie folgende Optionen:
- 100 % Vollkornbrot oder Vollkorntoast mit ungesüßter Marmelade (siehe Rezept Seite 42) oder, wenn Sie lieber etwas Herzhaftes mögen, mit (magerem) Kräuterquark (siehe Rezept Seite 38).
- Müsli ohne Zusatz von Zucker oder Honig mit Magerquark, Magermilch oder magerem Joghurt und eventuell einem Teelöffel ungesüßter Marmelade (siehe Rezept Seite 42).

Dazu können Sie Kräutertee oder koffeinfreien Kaffee trinken.

- Bei einem Eiweiß-Fett-Frühstück haben Sie die Wahl aus gebratenen oder gekochten Eiern, Schinken und Käse, allerdings **ohne Brot.**

Statt dessen können Sie u. a. Salat, Tomate, Gurke, Stangensellerie und/oder Champignons essen. Wenn Sie viel abnehmen wollen, sollten Sie vorher lieber keine extra Obstmahlzeit zu sich nehmen, denn schon wenig Süßes (Fruchtzucker) kann die Bauchspeicheldrüse zur Insulinproduktion anregen. Aber es empfiehlt sich, nicht öfter als zweimal in der Woche ein solches Eiweiß-Fett-Frühstück zu sich zu nehmen.

Lunch / Mittagessen

Wenn Sie zum Lunch eine Kohlenhydratmahlzeit essen wollen, sind die Kombinationsmöglichkeiten ähnlich wie beim Frühstück.

Herzhafter Kräuterquark (siehe Rezept Seite 38) oder Harzer Käse auf Vollkornbrot ist nicht nur sehr lecker, sondern auch einfach mitzunehmen.

Oder eine Scheibe 100 % Vollkornbrot mit Kräuterquark und Tomatenscheibe aus dem Grill ergibt einen schmackhaften warmen Mittagsimbiss.

Für einen Eiweiß-Fett-Lunch finden Sie im Kapitel Salate, warme und kalte Vorspeisen / Snacks ausreichend Anregungen.

Ganz einfach wäre dann auch ein Salat oder andere Rohkost mit etwas Käse oder magerem Aufschnitt, wie z. B. gekochtes oder gebratenes Huhn, roher oder gekochter Schinken, Rauchfleisch oder Roastbeef. Ein Kräuteromelett mit Schinken und Käse oder gebackene Spiegeleier mit Salat sind natürlich auch möglich.

Hauptmahlzeit

Hier folgt eine Übersicht mit Menüvorschlägen im Rahmen der Montignac-Methode für die ersten 6 Wochen der Phase I. Wenn Sie die Phase der Gewichtsabnahme verlängern wollen, können Sie wieder mit Woche 1 beginnen oder einfach aus den Menüvorschlägen kombinieren.

Achten Sie aber darauf, dass der Speiseplan genügend Variation bietet und nicht zu einseitig wird. Das gilt sowohl für Gemüse als auch für Fleisch, Fisch und Käse. Auch ist es ratsam, die Eiweiß-Fett-Mahlzeiten regelmäßig mit einer warmen Kohlenhydratmahlzeit abzuwechseln. Montignac empfiehlt, in Phase I drei- bis viermal pro Woche eine Kohlenhydratmahlzeit zu sich zu nehmen.

In Phase I besteht das **Dessert** nach einer Eiweiß-Fett-Mahlzeit meistens aus Käse mit Salat, Staudensellerie oder Gurke bzw. aus Quarkspeise. Sie können aber auch Magerquark und Joghurt mit ungesüßter Marmelade oder roten Beeren essen.

WOCHE 1

Für Frühstück und Lunch siehe S. 206

HAUPTMAHLZEITEN *

Montag
Eiweiß-Fett-Mahlzeit
Hering nach Hausfrauenart
Huhn aus dem Wok

Dienstag
Kohlenhydratmahlzeit
Gefüllte Paprika mit Quark
Nudeln mit roter Sauce

Mittwoch
Eiweiß-Fett-Mahlzeit
Champignon-Carpaccio
Gebackene Lachsforelle + Gebackener Chicorée

Donnerstag
Eiweiß-Fett-Mahlzeit
Selleriecremesuppe
Lammkoteletts mit Salbei + Grüne Bohnen mit Tomaten

Freitag
Kohlenhydratmahlzeit
Tsatsiki (dazu Rohkost)
Risotto mit Pilzen

Samstag
Eiweiß-Fett-Mahlzeit
Italienischer Aufschnitt mit Salat
Fischröllchen mit chinesischer Sauce

Sonntag
Eiweiß-Fett-Mahlzeit
Parmaschinken auf Kohlrabi-Carpaccio
Marinierter Rinderschmortopf + Auberginenpüree

* die Rezepte finden Sie im Rezeptteil

WOCHE 2

Für Frühstück und Lunch siehe S. 206

HAUPTMAHLZEITEN

Montag
Kohlenhydratmahlzeit
Tomatensalat
Linsensuppe

Dienstag
Eiweiß-Fett-Mahlzeit
Feta-Salat
Sommergemüse aus dem Wok

Mittwoch
Eiweiß-Fett-Mahlzeit
Einfacher Eiersalat
Roulade aus rotem Knurrhahn mit Fenchel

Donnerstag
Eiweiß-Fett-Mahlzeit
Tomatensuppe
Chinesische Bandnudeln „mal anders"

Freitag
Kohlenhydratmahlzeit
Kräuterquark dazu Eisbergsalat
Nudeln mit Flageoletbohnen

Samstag
Eiweiß-Fett-Mahlzeit
Gefüllte Paprika mit Sardellenfilets
Knoblauchhuhn mit Zitronensauce + Grüne Bohnen in Kräutersahne

Sonntag
Eiweiß-Fett-Mahlzeit
Marinierter roher Fisch
Spargel-Penne + Tomatensalat

WOCHE 3

Für Frühstück und Lunch siehe S. 206

HAUPTMAHLZEITEN

Montag
Kohlenhydratmahlzeit
Gefüllte Paprika mit Quark
Zwiebelsuppe mit Vollkorntoast

Dienstag
Eiweiß-Fett-Mahlzeit
Spargelsuppe
Knusprige Speckwürfel mit Kohl

Mittwoch
Eiweiß-Fett-Mahlzeit
Gefüllte Tomaten
Putenschnitzel Cordon bleu + Pikanter Brokkoli

Donnerstag
Eiweiß-Fett-Mahlzeit
Tomatensalat
Fischroulade

Freitag
Kohlenhydratmahlzeit
Kräuterquark (in Chicoréeblätter gefüllt)
Nudeln mit roter Sauce

Samstag
Eiweiß-Fett-Mahlzeit
Mozzarella mit Tomaten und Pesto
Rührei mit Rosenkohl

Sonntag
Eiweiß-Fett-Mahlzeit
Geräucherte Hähnchenbrust mit Chicoréesalat
Schweinefilet mit Salbei + Gemüse-Tagliatelle (und dazu gemischten Salat)

WOCHE 4

Für Frühstück und Lunch siehe S. 206

HAUPTMAHLZEITEN

Montag
Kohlenhydratmahlzeit
Tomatensalat dazu mageren Quark
Reis mit grüner Sauce

Dienstag
Eiweiß-Fett-Mahlzeit
Gefüllte braune (oder weiße) Champignons
Hackfleischeintopf mit Fenchel

Mittwoch
Eiweiß-Fett-Mahlzeit
Pikanter Gurkensalat
Gefüllte Paprikaschoten

Donnerstag
Eiweiß-Fett-Mahlzeit
Kohlrabisuppe
Spinat mit Feta aus dem Wok

Freitag
Kohlenhydratmahlzeit
Pikanter Gurkensalat
Nudeln mit roter Sauce

Samstag
Eiweiß-Fett-Mahlzeit
Herzhafte Eiertörtchen aus dem Ofen
Rindfleisch-Curry + Selleriepüree

Sonntag
Eiweiß-Fett-Mahlzeit
Tomaten gefüllt mit Krabben
Lammkeule mit Ratatouille

WOCHE 5

Für Frühstück und Lunch siehe S. 206

HAUPTMAHLZEITEN

Montag
Kohlenhydratmahlzeit
Gefüllte Paprika mit Quark
Linsensuppe

Dienstag
Eiweiß-Fett-Mahlzeit
Holländische Matjes auf Chicorée
Hase auf italienische Art

Mittwoch
Eiweiß-Fett-Mahlzeit
Gurke gefüllt mit Makrelenmousse
Grünkohl-Lasagne mit Kümmelkäse

Donnerstag
Eiweiß-Fett-Mahlzeit
Schinkenröllchen (auf Eisbergsalat)
Huhn in Käsesauce + Gebackener Chicorée

Freitag
Kohlenhydratmahlzeit
Tsatsiki (dazu Rohkost)
Risotto mit Pilzen

Samstag
Eiweiß-Fett-Mahlzeit
Artischocken mit säuerlicher Specksauce
Auberginen-Käse-Toast

Sonntag
Eiweiß-Fett-Mahlzeit
Weißkohlsalat mit Thunfisch
Hackfleischklößchen mit Weißweinsauce + Frühlingskohlrabi

WOCHE 6
Für Frühstück und Lunch siehe S. 206

HAUPTMAHLZEITEN

Montag
Kohlenhydratmahlzeit
Tomatensalat (mit Basilikum)
Blumenkohl und Brokkoli blanchiert dazu Vollkornnudeln

Dienstag
Eiweiß-Fett-Mahlzeit
Geräucherte Hähnchenbrust mit Chicoréesalat
Hackfleisch mit Schnittbohnen und Sojasprossen

Mittwoch
Eiweiß Fett Mahlzeit
Geräucherte Sprotten mit Feldsalat
Paniertes Auberginensteak + Knoblauchtomaten aus dem Ofen

Donnerstag
Eiweiß-Fett-Mahlzeit
Gurke gefüllt mit Makrelenmousse (dazu gemischten Salat)
Schweinefilet mit Käsesauce + Sojasprossen aus dem Wok

Freitag
Kohlenhydratmahlzeit
Linsensuppe
Salat aus gebackenen Paprikaschoten mit Vollkorntoast

Samstag
Eiweiß-Fett-Mahlzeit
Lauwarmer Gemüsesalat
Spinat mit Feta aus dem Wok

Sonntag
Eiweiß-Fett-Mahlzeit
Eier gefüllt mit Sardellenmayonnaise
Marinierter Rinderschmortopf + Sauerkraut gedünstet

FESTLICHE MENÜS

FÜR PHASE I UND II

Für Gäste kochen ist nicht jedermanns Sache und wird auch nicht immer als eine angenehme Beschäftigung empfunden. Manch ein Gastgeber sorgt sich im Voraus über mögliche Pannen oder Fehlschläge, die sich vor und während einer Bewirtung ereignen könnten. Schon der Gedanke, Gäste bewirten zu müssen, wird häufig mit einer enormen Kraftanstrengung assoziiert, die man am liebsten so schnell wie möglich hinter sich bringen möchte. Und das kann einem im wahrsten Sinne des Wortes „den Appetit verderben".

Es ist auch ein Lernprozess, wie man solche Situationen meistert und dann das Zusammensein mit seinen Gästen genießen kann und ohne Stress die selbst bereiteten, köstlichen (und manchmal auch nicht ganz gelungenen) Gerichte gemeinsam und in gemütlicher Runde verspeist.

„Planung" heißt hier das Zauberwort. In diesem Zusammenhang klingt das vielleicht etwas übertrieben, aber Sie wissen schon, was damit gemeint ist.

Wenn Sie sich vorher ganz konkret überlegen, was auf dem Speiseplan stehen soll und welche Vorbereitungen dafür erforderlich sind, können Sie daraufhin ein „Szenario" ausarbeiten, damit nachher alles wie am Schnürchen läuft.

In diesem Kapitel finden Sie einige allgemeine Hinweise für eine solche Planung, damit Ihr nächstes Gastmahl nach der Montignac-Methode zu einem vollen Erfolg wird. Im Anschluss daran gibt es Menüvorschläge mit genauen Anweisungen für die Organisation und Ausführung.

Vorbereitung ist schon die halbe Arbeit

Bei der Auflistung so vieler Anweisungen könnte der Eindruck entstehen, dass man gar nicht mehr spontan zu einem Essen einladen kann und dass es nur gesellig, lecker und erfolgreich sein kann, wenn man erst tagelang darüber nachgedacht hat. Aber das ist ein Fehlschluss.

Ein spontanes Diner, ein einfaches Abendbrot oder ein warmer Imbiss ist trotzdem schnell auf den Tisch „gezaubert", ob es nun ein oder mehrere Gäste sind. Dies erfordert höchstens eine Stunde extra Vorbereitung, wenn man mit ein paar einfachen Rezepten und aus einem Vorrat arbeitet.

Ein Diner für eine größere Gesellschaft oder einen besonderen Anlass erfordert nun mal etwas mehr Vorbereitung. Die hier folgenden Vorschläge beziehen sich auf ein Diner im größeren Rahmen.

Das Menü

Wenn die Gästeliste erst einmal feststeht, wird das Menü auf den Anlass – wenn es einen gibt – abgestimmt.

Wie schon in vorigen Kapiteln erwähnt, sollte man Faktoren wie die Jahreszeit, Variation und Verfügbarkeit bestimmter Zutaten berücksichtigen.

Eine besondere Gelegenheit wie z.B. Geburtstag, Jubiläum, ein Empfang aus beruflichem Anlass oder ein bestimmtes Thema können schon zu zahlreichen Inspirationen für das Menü führen.

In diesem Kapitel finden Sie zu einigen (festlichen) Anlässen einen entsprechenden Menüvorschlag. Gewisse Faktoren, die nur Sie selbst beurteilen können, spielen auch eine wichtige Rolle, z.B. besondere Wünsche einzelner Gäste, verfügbare Zeit oder die Örtlichkeit, wo das Fest stattfindet.

Einkäufe

Wenn Sie sich für einen der Menüvorschläge entschieden haben, gehen Sie folgendermaßen vor:
* Prüfen Sie, ob das ausgewählte Menü Ihren persönlichen Gegebenheiten entspricht, wie Erhältlichkeit der Zutaten, verfügbare Zeit, ausreichende Überraschungsmomente für die Gäste.
* Anhand der Zahl der Gäste werden die erforderlichen Mengen für die Zutaten ermittelt.
* Legen Sie deutlich die Aufgaben fest, die von Lieferanten bestimmter Zutaten ausgeführt werden sollen, z. B. das Filetieren von Fisch, Heraustrennen von Knochen etc.
* Kaufen Sie rechtzeitig ein und berücksichtigen Sie Arbeiten, die länger im Voraus erledigt werden müssen, wie z.B. Marinieren, Kaltstellen etc.

Feste (zuverlässige) Lieferanten tragen in hohem Maße zu dem Selbstvertrauen bei, das für die Vorbereitung und Ausführung so wichtig ist.

Planung

* Überprüfen Sie das Szenario und entscheiden Sie, welche der Gerichte einen oder zwei Tage vorher und welche am selben Tag zubereitet werden müssen.

- Passen Sie das Szenario gegebenenfalls Ihrem eigenen Bedarf an. Solch ein Szenario gibt die notwendige Sicherheit und Ruhe und erhöht die Aussicht auf einen angenehm entspannten Verlauf der Mahlzeit selbst. Das ist besonders wichtig, wenn der Anlass eher förmlicher Art ist und Sie die Gäste nicht so gut kennen.
- Planen Sie im Voraus, zu welchem Zeitpunkt Sie welche Gerichte servieren wollen, was im Zusammenhang mit anderen Vorbereitungen, wie z.B. das Vorheizen des Ofens oder Vorwärmen der Teller etc. wichtig sein kann.

Küchengeräte

Kontrollieren Sie, ob Sie über die notwendigen Küchengeräte bzw. das notwendige Küchenmaterial verfügen.

Sind im Zusammenhang mit den größeren Mengen eventuell extra (große) Töpfe erforderlich?

Sind für bestimmte Zubereitungen zusätzliche Geräte, z.B. ein Grill oder Räucherofen erforderlich?

Für den Fall, dass Sie spezielle Küchengeräte benötigen, müssen Sie diese rechtzeitig organisieren.

Tischvorbereitung

Planen Sie im Voraus, welches Service und Besteck Sie brauchen und wie die Tischdekoration aussehen soll.

Ein schönes Tischtuch, eine besondere Schale, eine dekorative Menükarte oder ein farbenfroher Zweig Herbstlaub tragen zu einer angenehmen Atmosphäre bei und sorgen dafür, dass ein solches Festmahl zu einem besonderen Erlebnis wird.

Sorgen Sie für bequeme Sitzgelegenheiten und eventuell extra Tische.

Die Auswahl des Weins

Das Angenehme an der Montignac-Methode ist die Tatsache, dass der Genuss von Wein – 1 bis 2 Gläser (á 100 ml) pro Tag (in Phase I) und 3 bis 4 Gläser Wein pro Tag (in Phase II) – möglich bleibt. Allerdings wird empfohlen, Wein nicht auf leeren Magen oder zusammen mit Wasser zu trinken. Als Aperitif wird geraten, Champagner oder Sekt (trocken, ohne Restzucker, am besten mit Diabetikersiegel) zu servieren. Aber auch hier sollte man erst vorweg mit einem Häppchen (etwas Schinken, Wurst oder Käse) eine Grundlage schaffen. Schnaps, Whisky oder andere Spirituosen sollte man meiden.

Die Menüvorschläge enthalten auch Empfehlungen für einen passenden Wein. Außer französischen Weinen werden auch Weine aus anderen Weinländern und -regionen genannt. Denn auch aus den „neueren" Weinländern kommen ausgezeichnete Weine, die den allgemein gültigen Kriterien entsprechen und das Probieren wert sind.

Beachten Sie, dass Weinsorten, wie Portwein, Sherry und süße Dessertweine Restzucker enthalten. Auch Weine aus dem Elsaß sind wegen dieses Restzuckers oft „schwere" Verstöße, die man dann – wie auch immer – wieder ausgleichen muss.

Fragen Sie diesbezüglich Ihren Weinhändler, der Ihnen hier sicherlich gerne behilflich ist und bei der Auswahl gute Ratschläge geben kann.

Kurz vor dem Essen

Sorgen Sie beim Eintreffen der Gäste für eine gut aufgeräumte und übersichtliche Küche. Das trägt dazu bei, dass nachher – zwischen den Gängen – alles glatt und reibungslos verläuft.

Anmerkungen zu den Menüvorschlägen:

Bei den Menüvorschlägen müssen Sie anhand der Personenanzahl die Mengen selbst berechnen. Die Rezepte der verschiedenen Gerichte finden Sie in diesem Buch.

Erst mal wird gefeiert!

Wir feiern eine richtige „Party", denn wir haben so toll abgenommen. Das Zielgewicht ist praktisch erreicht. Es soll ein Fest werden – ohne Kater und ohne Angst vor der Waage am nächsten Tag. Das heißt, dass es ein Montignac-Fest wird, auch für die (noch) Nicht-Anhänger der Montignac-Methode.

PARTY MIT ITALIENISCHER NOTE

ANTIPASTI
Gefüllte Paprika mit Sardellenfilets* Tomaten mit Mozzarella*
Italienischer Aufschnitt mit Salat* Oliven

Y

SPARGEL-PENNE*

Y

HÜHNERBOUILLON MIT FRÜHLINGSZWIEBELN*

Y

LAMMKEULE
Lammkeule mit Ratatouille*
Frühlingskohlrabi*

Y

KÄSE
Käsecreme*
Pecorino
Gorgonzola

Y

DESSERT
Zabaione (Phase II)*
Quarkspeise mit Erdbeeren (Phase II)*

Dieses Menü ist für mindestens 10 Personen gedacht. Wenn man es für eine kleinere Gruppe zubereiten will, wird es zu umfangreich, und bei manchen Gerichten müsste mit zu kleinen Mengen gearbeitet werden.

Für eine größere Personenanzahl können Sie dieses Menü ganz einfach mit eigenen – bereits erprobten – (italienischen) Gerichten erweitern. Achten Sie aber darauf, dass diese auch in die Montignac-Methode passen.

Wie der Menüverlauf selbst zu gestalten ist, hängt nicht zuletzt von der Anzahl der Gäste ab. Auch wenn Ihre Gäste am Tisch dinieren, ist es ratsam, für Gerichte, bei denen man wählen kann, auf einem anderen großen Tisch ein Buffet anzurichten. Dann kann jeder Gast sein eigenes Menü zusammenstellen.

* siehe Rezeptteil

Szenario

Einige Tage vorher

- Rezeptauswahl
  Kapitel Salate
  Tomaten mit Mozzarella
  Italienischer Aufschnitt mit Salat
  Kapitel Warme Vorspeisen
  Gefüllte Paprika mit Sardellenfilets
  Spargel-Penne
  Kapitel Hauptgerichte
  Lammkeule mit Ratatouille
  Kapitel Gemüse
  Frühlingskohlrabi
  Kapitel Desserts
  Käsecreme
  Quarkspeise mit Erdbeeren
  Zabaione

- Einkaufsliste
  Berechnen Sie anhand der geladenen Gäste die erforderlichen Mengen. Denn schließlich sollte jeder Gast von allen Speisen auch probieren können, wobei es nicht unbedingt nötig ist, von jedem Gericht pro Kopf eine ganze Portion zuzubereiten.

  Denken Sie beim Einkauf auch an:
  - Oliven
  - Pecorino
  - Gorgonzola
  - Bestellungen von Zutaten (Lammkeule, Kräuter, Käse) bei bestimmten Lieferanten (Fleischer, Gemüseladen, Feinkostladen)

Einen Tag vorher

- Einkäufe machen
- Hühnerbouillon zubereiten
- Käsecreme bereiten
- Quark abtropfen lassen
- falls nötig, fehlendes Kochgerät organisieren

- eventuelle räumliche Anpassungen (Tische, Stühle etc.) vornehmen und Tisch-ordnung bedenken
- Tischausstattung und -dekoration planen und bereitstellen

Am Tag selbst
- eventuell letzte Einkäufe machen
- Wein bereitstellen (kühlen oder auf Zimmertemperatur kommen lassen)

Einige Stunden vorher

- Antipasti vorbereiten
- Gemüse vorbereiten
- Spargel-Gericht vorbereiten
- Lammkeule vorbereiten
- Tisch decken
- Käse auf Zimmertemperatur kommen lassen
- Zabaione zubereiten

Zum Schluss
- Platten garnieren
- Lammkeule braten und Ratatouille zubereiten
- Arbeiten in letzter Minute: Fleisch schneiden, Frühlingskohlrabi zubereiten, etc.

Dieses erste Menü soll einen Eindruck geben, wie eine Planung aussehen kann. Bei den folgenden Menüs wird auf diesen Punkt weniger ausführlich einge-gangen.

Weinvorschläge:

Als Aperitif können Sie dasselbe trinken wie zur Vorspeise.

Vorab: einen vollen, aromatischen Weißwein, z.B. einen Chardonnay, Bourgogne oder Pays d'Oc.

Zum Lamm: einen vollen Rotwein, z.B. einen St. Emilion, Pomerol, Bordeaux oder Côtes du Rhône aus Frankreich oder einen spanischen Rioja.

Zum Käse: einen Merlot, Cabernet Sauvignon, einen Syrah aus Kalifornien oder Australien.

Kulinarischer Lichtblick für einen trüben Tag

Jeder kennt diese herbstlichen Tage, die nicht sehr viel versprechend beginnen. Ganz besonders, wenn es auch noch ein Sonntag ist. Aber es kann die Laune bedeutend heben, wenn man sich auf ein schönes Essen freuen kann.

EINEN TRÜBEN SONNTAG AUFHEITERN

GEFÜLLTES ROASTBEEF*

❉

GEFÜLLTE BRAUNE CHAMPIGNONS*

❉

LAMMKOTELETTS*
FENCHELSALAT MIT KAPERN*

❉

KÄSEPLATTE

❉

BEERENFRÜCHTE MIT VANILLESAHNE*

Szenario

Zu Beginn

- Rezeptauswahl
  Kapitel Kalte Vorspeisen
  Gefülltes Roastbeef
  Kapitel Warme Vorspeisen
  Gefüllte braune Champignons
  Kapitel Hauptgerichte
  Lammkoteletts mit Salbei
  Kapitel Salate
  Fenchelsalat mit Kapern (siehe Rezept Seite 62)
  Kapitel Desserts
  Beerenfrüchte mit Vanillesahne
- den Vorrat inspizieren und, falls nötig, in Rezepten fehlende Zutaten durch andere ersetzen
- Mengen anpassen
- falls die Möglichkeit gegeben ist, noch Einkäufe machen
- Tischausstattung und -dekoration planen und bereitstellen

* siehe Rezeptteil

Einige Stunden vorher

- Kräutermayonnaise (Füllung für das Roastbeef) zubereiten
- Vanillesahne anrühren
- den Käse auf Zimmertemperatur kommen lassen
- Fenchelsalat bereiten
- Tisch decken
- Wein aussuchen (kühlen oder auf Zimmertemperatur kommen lassen)

Zum Schluss

- Champignons vorbereiten
- Lammkoteletts mit Salbeiöl auf Zimmertemperatur kommen lassen
- Roastbeefröllchen zubereiten und Teller garnieren
- Arbeiten in letzter Minute: Teller vorwärmen, Fleisch braten, etc.

Weinvorschläge:

Vorab: einen vollen Weißwein, beispielsweise einen Rully
                    aus Frankreich oder einen Chardonnay aus
                    Kalifornien, Südafrika oder Australien.
                    Oder einen leichten italienischen Rotwein,
                    wie z. B. einen Chianti Classico.

Zu den Lammkoteletts: einen vollen, würzigen Rotwein mit einem kräftigen
                    Bukett, z. B. einen Fleury (Beaujolais),
                    Côtes du Rhône oder Corbières.
                    Diese Weine passen auch alle zum Käse.

Festessen ohne Anlass

Manchmal hat man einfach Lust zum Feiern. Ohne viel Aufwand – einfach feiern, dass man mit guten Freunden in gemütlicher Runde zusammensitzt. Ein einfaches Menü, eine gute Flasche Wein – und die Welt ist wieder in Ordnung.

FESTESSEN „EINFACH SO"

GURKE GEFÜLLT MIT SCHINKENMOUSSE*

GEFÜLLTE PAPRIKA MIT SARDELLENFILETS*

SCHWEINEFILET MIT SALBEI*
GRÜNE BOHNEN IN KRÄUTERSAHNE*

MOZZARELLA MIT PESTO*

Szenario

Einen Tag vorher

- Rezeptauswahl
  Mengen anpassen
  Einkaufszettel schreiben
  Einkäufe erledigen
  Tischausstattung und -dekoration planen und bereitstellen
  Schinkenmousse zubereiten
  (hat auch Zeit bis zum Morgen des Festessens)

Am Tag selbst

- Wein aussuchen (kühlen oder auf Zimmertemperatur kommen lassen)

Einige Stunden vorher

- Paprikaschoten füllen und bereitstellen
- grüne Bohnen putzen und blanchieren
- Schweinefilet vorbereiten
- Mozzarella mit Pesto vorbereiten
- Tisch decken

* siehe Rezeptteil

Zum Schluss

- die Gurken füllen
- Arbeiten in letzter Minute: Teller vorwärmen, Fleisch braten, grüne Bohnen zubereiten, Backofen für Mozzarella vorbereiten, etc.

Weinvorschläge:

Vorab: einen leichten Weißwein, beispielsweise einen Touraine aus dem Loire-Gebiet.

Zum Schweinefilet: einen leichten Rotwein mit einem kräftigen Bukett, z.B. einen Chinon, auch aus dem Loire-Gebiet. Dieser Wein passt auch zum Mozzarella.

„Gut Wetter machen"

SOMMERLICHES MENÜ IM FREIEN

WEISSKOHLSALAT MIT THUNFISCH*

CHAMPIGNON-CARPACCIO*

SOMMERGEMÜSE AUS DEM WOK*

ERDBEER-JOGHURT-EIS*

Szenario

Zu Beginn

- Rezeptauswahl
- gegebenenfalls Mengen anpassen
- Einkäufe erledigen
- Garten oder Balkon herrichten
- Tischausstattung und -dekoration planen und bereitstellen

Einige Stunden vorher

- Wein bereitstellen (kühlen oder auf Zimmertemperatur kommen lassen)
- Weißkohlsalat mit Thunfisch vorbereiten
- Gemüse vorbereiten
- Erdbeeren einfrieren
- Vinaigrette für das Champignon-Carpaccio anrühren
- den Tisch decken

Zum Schluss

- Champignons in Scheiben schneiden und auf Tellern anrichten
- Zutaten für das Wok-Gericht bereitstellen
- Salatteller anrichten
- Arbeiten in letzter Minute: Gemüse und Joghurteis zubereiten

Weinvorschläge:

Vorab: ein trockener französischer oder spanischer Rosé.

Zu dem Wok-Gericht: einen spanischen Wein aus Navarra,
einen Merlot aus Frankreich oder Chile.

* siehe Rezeptteil

Draußen stürmt's ...

... wir sitzen im Warmen und bitten ein paar Gäste an unseren winterlichen Tisch.

WINTERMENÜ

EIER GEFÜLLT MIT SARDELLENMAYONNAISE*

SELLERIECREMESUPPE*

GRÜNKOHL-LASAGNE*

MOUSSE AU CHOCOLAT *

Szenario

Zu Beginn (einen Tag vorher)

- Rezeptauswahl
- gegebenenfalls Mengen anpassen
- Einkäufe tätigen
- Tischausstattung und -dekoration planen und bereitstellen
- Wein bereitstellen (kühlen oder auf Zimmertemperatur kommen lassen)

Einige Stunden vorher

- Eier kochen und Füllung vorbereiten
- Selleriecremesuppe zubereiten
- Grünkohl-Lasagne vorbereiten
- Mousse au chocolat vorbereiten
- Tisch decken

Zum Schluss

- Eier füllen
- Arbeiten „in letzter Minute": Teller vorwärmen, Ofengerichte bereiten

Weinvorschläge:

Vorab: ein leichter Rotwein oder ein trockener Rosé.

Zum Grünkohl: einen Côtes du Rhône oder Minervois aus Frankreich
                        oder einen Cabernet Sauvignon aus Chile.

* siehe Rezeptteil

Register

WEITERE
INFORMATIONEN

HANS FINCK / MICHEL MONTIGNAC

DIE MONTIGNAC-METHODE FÜR EINSTEIGER

ABNEHMEN OHNE ZU HUNGERN
SCHLANK UND FIT FÜR IMMER

Vor über zehn Jahren entdeckte der französische Ernährungsfachmann Michel Montignac den Zusammenhang zwischen moderner Ernährung, Blutzuckerspiegel, Insulin und Gewichtszunahme. In seinen Ernährungsratgebern, die europaweit bereits über 15 Millionen Mal verkauft wurden, beschreibt er den Ausweg aus der Ernährungsfalle, die so viele Menschen in aller Welt scheinbar unaufhaltsam übergewichtig werden lässt.

Zunächst wurde Michel Montignac nicht ernst genommen. Mittlerweile ist seine Methode jedoch durch viele Studien wissenschaftlich bewiesen. Unzählige Diätverdrossene sind mit Michel Montignacs Hilfe schlank geworden und schlank geblieben.

In dieser Kurzeinführung fasst der deutsche Medizinjournalist und Fachautor Hans Finck zusammen mit Michel Montignac noch einmal alle wesentlichen Elemente der Methode in knapper, klarer und übersichtlicher Form zusammen. So können Sie sich rasch informieren und sich sofort am eigenen Leib von der Wirksamkeit der Montignac-Methode überzeugen.

Die wissenschaftlich bewiesene Methode
zur Gewichtsreduktion mit Langzeiterfolg
sowie zur Cholesterinspiegelsenkung

ISBN: 3-930989-13-1
Preis: [D] € 12,80 [A] € 13,20 sFr 21,80

MICHEL MONTIGNAC

DIE MONTIGNAC-METHODE
ESSEN UND DABEI ABNEHMEN

Eine große amerikanische Studie aus dem Jahr 1997 hat gezeigt, **dass man paradoxerweise trotz verminderter Nahrungszufuhr** und gleichbleibender Bewegung **weiter zunehmen kann.**

Diese Feststellung traf Michel Montignac schon vor mehr als zehn Jahren in der ersten Version seines Buchs *„Je mange donc je maigris"* (Ich esse, um abzunehmen), das seitdem in zahlreichen Ländern einer der größten Bestseller seiner Sparte geworden ist.

Michel Montignac zeigt, dass **Übergewicht und Fettleibigkeit nur aus einer falschen Nahrungsmittelauswahl resultieren,** die Stoffwechselprozesse auslöst, die wiederum zur Gewichtszunahme führen.

Er erklärt, **warum kalorienreduzierte Diäten abwegig und immer zum Scheitern verurteilt sind.** Man versteht jedoch vor allem, warum es ausreicht, die Ernährungsgewohnheiten umzustellen, um überflüssige Pfunde zu verlieren, ohne danach wieder zuzunehmen.

In dieser neuen, komplett überarbeiteten Version des Buches sind die Ernährungsprinzipien des Autors noch ausgewogener und seine Aussagen somit noch überzeugender.

Denn mittlerweile kann er sich auf die Erfahrung von Hunderten von Ärzten stützen, die seit über zehn Jahren die Methode verordnen, sowie auf zahlreiche wissenschaftliche Studien, die in den letzten Jahren veröffentlicht wurden.

Die neue Version der Montignac-Methode ist also mehr denn je **eine einzigartige Hoffnung für all diejenigen, die sich mit ihren überflüssigen Pfunden herumschlagen.**

ISBN: 3-930989-11-5
Preis: [D] € 14,80 [A] € 15,30 sFr 25,80

MICHEL MONTIGNAC

ICH ESSE,
UM ABZUNEHMEN

DIE MONTIGNAC-METHODE
SPEZIELL FÜR FRAUEN

Nach jahrzehntelangen widersprüchlichen Diskussionen sind in der herkömmlichen Ernährungswissenschaft tiefgreifende Veränderungen im Gange.

Seit der Veröffentlichung der ersten französischen Ausgabe des Bestsellers „*Je mange donc je maigris*" im Jahre 1987 zählt MICHEL MONTIGNAC zu den führenden Köpfen der Ernährungsrevolution.

International bedeutende Ärzte haben ihn bei seinem Vorhaben unterstützt, das Grundprinzip der herkömmlichen Diätmethode zu widerlegen.

MONTIGNAC liefert den Beweis, dass eine Umstellung der Ernährungsgewohnheiten ausreicht, um eine Gewichtsabnahme zu erzielen.

Man versteht nun, warum die kalorienreduzierte Diätmethode wissenschaftlich nicht haltbar ist und wie sie letztlich einer Gewichtsabnahme entgegenwirkt. Mit Unterstützung der Ärzte liefert uns MICHEL MONTIGNAC die Erklärung, warum die Vitalität direkt von der Ernährung abhängt und wie man durch eine Umstellung der Ernährungsgewohnheiten seine physische und psychische Leistungsfähigkeit erhöhen kann.

Der Autor nimmt in diesem Buch eine Erweiterung der nunmehr berühmten Montignac-Methode vor, indem er in der Anwendung seiner Ernährungsprinzipien noch weiter geht, insbesondere was Frauen betrifft.

Außer den speziellen Maßnahmen, die ergriffen werden sollten, um endgültig ein normales Körpergewicht zu erreichen, finden Sie in diesem Buch eine Fülle von Ratschlägen, die über die richtige Auswahl der Nahrungsmittel dazu beitragen, jung, schön und gesund zu bleiben.

Ich esse, um abzunehmen
Eine Aufforderung, die an die Leser ergeht.

ISBN: 3-930989-03-4
Preis: [D] € 14,80 [A] € 15,30 sFr 25,80

MICHEL MONTIGNAC

MONTIGNAC
REZEPTE UND MENÜS
ODER
DIE FEINE KÜCHE NACH DER
MONTIGNAC-METHODE

Mit einer revolutionären Ernährungsmethode, die nunmehr seinen Namen trägt, hat Michel MONTIGNAC in den letzten Jahren die Welt der herkömmlichen Diätetik erschüttert.

Er hat die Wirkungslosigkeit und die Gefahren restriktiver kalorienreduzierter Diäten angeprangert und aufgezeigt, dass eine einfache Umstellung der Ernährungsgewohnheiten das beste Mittel darstellt, um zu einer Gewichtsabnahme und einer größeren Vitalität zu gelangen.

Dieses Buch „Rezepte und Menüs" ist somit eine notwendige Ergänzung der Werke „Ich esse, um abzunehmen" und „Essen gehen und dabei abnehmen", die zu internationalen Bestsellern wurden, sowie „Die MONTIGNAC-METHODE für Einsteiger".

Die Leser werden erstaunt sein, ein Kochbuch vorzufinden, das nicht nur auf die regionale Kochkunst Wert legt und vom guten und genießerischen Essen handelt, sondern auch die Gesundheit mit einbezieht.

Außerdem werden Sie zu Ihrer Verwunderung erfahren, dass Wein, Schokolade, und Käse aus Rohmilch so außergewöhnliche Ernährungseigenschaften besitzen, dass sie nunmehr zum Verzehr empfohlen werden, um eine Senkung des Cholesterinspiegels zu erreichen.

Das Original Kochbuch zur MONTIGNAC-METHODE
Die wissenschaftlich bewiesene Methode, die europaweit
Millionen Diätverdrossene begeistert.

Zahlreiche Farbabbildungen

ISBN: 3-930989-00-X
Preis: [D] € 17,80 [A] € 18,30 sFr 29,80

MICHEL MONTIGNAC

MEINE REZEPTE
AUS DER PROVENCE

200 SCHMACKHAFTE
UND EINFACHE REZEPTE

Seit Michel Montignac vor mehr als zehn Jahren den Grundstein für eine neue Ernährungsphilosophie legte, zeigt er uns, dass die Ernährung ein entscheidender Faktor für die Gesundheit ist. Durch eine einfache Umstellung der Ernährungsgewohnheiten lässt sich nicht nur ein ideales Körpergewicht erreichen bzw. aufrechterhalten, sondern auch den meisten Zivilisationskrankheiten vorbeugen.

Dieses zweite Kochbuch ist – wie das erste – eine notwendige Ergänzung für alle Anhänger der MONTIGNAC-METHODE, die die Prinzipien der „ernährungsbewussten feinen Küche" bereits anwenden. Es richtet sich an all diejenigen, denen für die Zubereitung von Mahlzeiten (einschließlich Festtagsessen) nur wenig Zeit zur Verfügung steht und die trotzdem auf eine gesunde, schmackhafte und auch feine Küche Wert legen.

Die zweihundert Rezeptvorschläge sind hauptsächlich von der mediterranen Ernährungsweise beeinflusst, die heute offiziell als die gesündeste der Welt gilt. Die Rezepte zeichnen sich dadurch aus, dass sie einfach, schnell und praktisch sind und bis auf ein oder zwei Ausnahmen aus gängigen und preiswerten Zutaten hergestellt werden können. Viele Rezepte sind auch für Vegetarier geeignet.

Zahlreiche Farbabbildungen

ISBN: 3-930989-04-2
Preis: [D] € 17,80 [A] € 18,30 sFr 29,80

GABRIELE LEHNER

SATT & SCHLANK

DIE DEUTSCHE KÜCHE
NACH DER MONTIGNAC-METHODE

Solange Gabriele Lehner zurückdenken kann, haben Essen, Kochen, Backen und Diäten in ihrem Leben eine große Rolle gespielt.

Noch zu Hause bei Eltern und Großmutter lernte sie die traditionelle, oftmals kalorienreiche fränkische Küche kennen und übte sich bereits früh im Kochen und Backen. Später verwöhnte sie ihre eigene Familie mit ihrem Hobby, und ein gutes gemeinsames Essen wurde zu einem wichtigen Bestandteil des Familienlebens. Leider blieben diese Gaumenfreuden nicht ungestraft, so dass zwangsläufig immer wieder neue Diäten von ihr und ihrem Mann ausprobiert wurden. Der Erfolg dieser Abmagerungskuren war jedoch meist nur von kurzer Dauer.

Wie viele andere Anhänger der MONTIGNAC-METHODE haben auch Gabriele Lehner und ihre Familie den Tipp, es mal mit Montignac zu probieren, von Freunden bekommen. Innerhalb eines Vierteljahres (Phase I) bestätigte sich der Erfolg der Methode: Ihr Mann hatte 16 kg abgenommen, ihre Mutter 17 kg. Sie selbst kann seit dieser Zeit ihr Wohlfühlgewicht problemlos halten.

Auf den Geschmack gekommen, sich „bewusst" zu ernähren, aber auch angeregt durch die Kritik ihrer damals 13-jährigen Tochter, reifte in ihr der Gedanke, ihre deutsche Küche „montignac-fähig" zu machen.

Das Ergebnis ist dieses Buch, das sowohl für Neulinge als auch für „alte Hasen" der MONTIGNAC-METHODE gleichermaßen geeignet ist. Sie finden in diesem Buch zweihundert wohlschmeckende Rezepte, für jeden Anlass, oft einfach und schnell zubereitet, dem deutschen Alltagsleben angepasst, mit gängigen Zutaten aus dem Supermarkt, dem Reformhaus oder dem Bioladen.

Überzeugen Sie sich einfach selbst von der deutschen Küche nach der MONTIGNAC-METHODE!

Zahlreiche Farbabbildungen

ISBN: 3-930989-10-7
Preis: [D] € 17,80 [A] € 18,30 sFr 29,80

MICHEL MONTIGNAC

KOCHEN, ESSEN
UND DABEI ABNEHMEN
BAND 1

MIT REZEPTEN NACH DER
MONTIGNAC-METHODE

„Kochen, essen und dabei abnehmen" – ein Rezeptbuch der besonderen Art, denn alle Rezepte sind auf die von Michel Montignac begründete, nach ihm benannte und seit mehr als zehn Jahren bewährte Montignac-Methode abgestimmt. Die zahlreichen brillanten Farbabbildungen lassen dem Betrachter regelrecht „das Wasser im Munde zusammenlaufen".

Das ernährungswissenschaftliche Konzept der Montignac-Methode beruht auf einer einfachen langfristigen Umstellung der Essgewohnheiten, deren positive Wirkung bereits von mehreren Studien wissenschaftlich bewiesen wurde. Dabei handelt es sich nicht um eine Diät des radikalen Verzichts, sondern um eine gesundheitsfördernde Ernährungsumstellung, die uns, falls wir wie so viele, nach jahrelangen kalorienreduzierten Diäten völlig den Spaß am Essen verloren haben, wieder mit der Lust und Freude am Essen versöhnt.

In diesem Rezeptbuch finden Sie eine Fülle von Vorschlägen, die sich leicht nachkochen lassen und nicht nur zum Abnehmen geeignet sind, sondern auch einer Gewichtszunahme vorbeugen und sich positiv auf Ihre Gesundheit und Vitalität auswirken sowie das allgemeine Wohlbefinden steigern.

Wer die Montignac-Methode bereits kennt oder sie gerade neu entdeckt, wird anhand dieses Buches mit Begeisterung feststellen, dass Gesundheit, Ernährungswissenschaft und feine Kochkunst hervorragend zusammenpassen.

Zahlreiche Farbabbildungen

ISBN: 3-930989-15-8
Preis: [D] € 17,80 [A] € 18,30 sFr 29,80

MICHEL MONTIGNAC

KOCHEN, ESSEN
UND DABEI ABNEHMEN
BAND 2

REZEPTE NACH DER
MONTIGNAC-METHODE

Wenn Sie Band 1 mögen, werden Sie Band 2 lieben!

„Kochen, essen und dabei abnehmen" Band 1 wurde zu einem Bestseller. Dieser zweite Band ist eine Fortsetzung der kulinarischen „Schlankküche" Michel Montignacs. Die Rezepte sind noch leichter und schneller zuzubereiten als die in Band 1. Der Autor berücksichtigte bei dieser Ausgabe außerdem in starkem Maße die Hinweise und Tipps seiner Leser.

Neu sind die Vorschläge für Frühstück, Zwischenmahlzeiten sowie Getränke.

Im 21. Jahrhundert werden der Ernährungswert sowie die Gesundheit und Freude, die von der regelmäßigen Anwendung Montignacs kulinarischer Vorschläge hervorgeht, weiter an Priorität gewinnen.

Alle Rezepte sind auf die von Michel Montignac entwickelte, nach ihm benannte und seit mehr als 10 Jahren bewährte Methode abgestimmt. Ein Menüplan für 15 Wochen erleichtert den Einstieg.

Der überwältigende Erfolg dieser Methode beruht einerseits auf der Tatsache, dass Übergewichtige innerhalb kurzer Zeit deutlich abnehmen und auch ihr Gewicht ohne zu hungern oder sich spürbar einzuschränken halten können. Andererseits beeinflusst die gesunde und ausgewogene Ernährung das Wohlbefinden, die Vitalität und auch die Leistungsfähigkeit äußerst positiv.

Zahlreiche Farbabbildungen

ISBN: 3-930989-16-6

Preis: [D] € 17,80 [A] € 18,30 sFr 29,80

Die Montignac-Produktpalette

Die erste Produktpalette der feinen Küche jetzt auch hierzulande im Handel

Michel Montignac hat eine Reihe von Produkten entwickelt, die speziell auf seine Methode abgestimmt sind, so dass die Grundprinzipien einer ausgewogenen Ernährung jeden Tag von denjenigen befolgt werden können, die sich einer gesunden Ernährungsweise verschrieben haben.

Diese erste Produktpalette der feinen Küche ist unter dem Namen „Michel Montignac" in etwa 400 Feinkostgeschäften, Diät- und Bioläden in verschiedenen Ländern erhältlich.

Diese Produktpalette, bei der ungesättigte Fette und der Verzicht auf Zucker im Vordergrund stehen, beruht auf der Wiederentdeckung des „vollen Korns".

Dabei sind folgende Produkte besonders zu erwähnen:

- Vollkornbrötchen aus der Bäckerei
- ungezuckerte Fruchtmarmelade aus 100 % Früchten
- Vollkornteigwaren aus Hartweizen aus biologischem Anbau
- Bitterschokolade mit einem hohen Kakaoanteil
- ballaststoffreiches, ungezuckertes Müsli
- Kompott, Püree, Fruchtsaft, Soja, Trockenfrüchte, Fruktose, Saucen, Gewürze ... unverfälscht hergestellt, ohne Zusatz von Konservierungsmitteln und Zucker

Verkaufsstellen-Information:

NATURGIE S.A.
36, rue de l´Alma - BP 250
92602 Asniéres Cedex FRANCE
Telefon: 00 33 (0)1 47 93 59 59
Fax: 00 33 (0)1 47 93 92 44
E-Mail: export@naturgie.com